KB076079

과거를
쫓는
탐정들

과학은 어떻게
고고학의 수수께끼를 풀었을까?

DIGGING DEEP

과거를
쫓는
탐정들

로라 스캔디피오 · 지음
류지이 · 옮김

창비

들어가며
극적인 발견

고고학자들이 도자기 파편이나 사람의 뼈 같은 과거의 흔적에서 먼지를 털어 낼 때마다 우리의 지식은 조금 더 넓어집니다. 때때로 전혀 예측하지 못했던 놀라운 것을 발견하게 되면 역사에 대한 이해가 완전히 뒤바뀌기도 하지요. 그런 발견은 우리의 가정을 뒤흔들고, 이론을 뒤엎고, 우리가 안다고 생각했던 것들에 대한 사고방식을 바꾸게 합니다. 새로운 증거는 마치 잃어버렸던 퍼즐 조각 같아서 일단 제자리에 들어가기만 하면 전체 그림을 바꾸기도 해요.

지난 세기에는 이집트 파라오 투탕카멘의 무덤이나 사해 문서 (1947년 이래 사해 근처에서 나온, 히브리어 성경 등이 담긴 문서들—옮긴이) 같은 놀라운 것들이 발견되면서 세계인의 상상력을 사로잡았습니다. 최근에는 과학과 기술의 발전 덕분에 고고학이 하는 탐정 같은 일이 완전히 새로운 수준의 것으로 바뀌었지요.

방사성 탄소 연대 측정법 덕분에 과학은 이 유물이 정확히 얼마나 오래된 것인가 하는, 고고학자들이 늘 해결하고 싶어 했던 질문에 답할 수 있게 되었습니다. 유골에서 오래된 디엔에이(DNA)를 추출하는 기술이 발전하면서 우리는 이제 수백, 수천 년 전에 살았던 사람들의 유전 암호를 재구성할 수 있고, 그들의 눈동자 색깔부터 질병까지 많은 것을 알 수 있어요. 디엔에이로 심지어 아주 오래된 유골과 지금 살아 있는 후손을 연결할 수도 있지요. 라이다와 소나, 공중 발사 레이저, 인공위성에 이르는 원격 탐사 덕분에 우리는 이제 우거진 정글을 뚫고 "볼" 수 있고, 바다 밑바닥에 있는 난파선을 찾아내거나 우주에서 고대 도시 전체 지도를 만들 수 있습니다.

범죄를 해결하는 데 쓰이는 모든 기술, 즉 법의학은 오늘날 고고학 현장에 적용될 수 있어요. 명백한 증거에 남아 있는 물질을 찾아내거나 의심스러운 사인을 알아내는 바로 그 과학이 수백 년이나 수천 년 전에 일어난 일을 재구성하는 데에 쓰인답니다.

> "우리는 과거를 쫓는 탐정들입니다. 무슨 일이 일어났는지 알아내야 하지요. 그게 바로 고고학의 매력이에요."
>
> — 루이스 하이메 카스티요, 고고학자.

이 책에 실린 이야기들은 모두 실제로 있었던 일입니다. 최근에 발견되어, 2세기 전 또는 40,000년 전 과거에 대한 우리의 지식을 완전히 바꿔 놓은 사례들이지요. 과학이 그 돌파구였습니다.

프랑스에 숨겨져 있던 동굴을 통해 빙하 시대 인류의 조상들이 우리가 상상했던 것보다 더 많이 우리와 닮았으며, 이미 걸작을 만들어 낸 뛰어난 예술가들이었다는 사실이 증명되었습니다. 주차장 밑에서 발견된 유골은 중세의 왕에 관해 완전히 새로운 이야기를 들려 주었어요. 수천 년 동안 빙하 속에 완벽하게 보존되어 있던 기이한 남자는 선사 시대로 가는 독특한 타임캡슐이 되었고요. 정글 아래로 오랫동안 사라졌던 고대 도시들이 우리 시야로 들어오면서는 제국의 흥망성쇠에 관한 이야기가 다시 쓰였답니다.

이 극적인 발견에 대한 이야기들은 과학적 진보에도 불구하고 (우리가 다 안다고 생각할 때조차도!) 우리가 여전히 모든 것을 다 알지는 못한다는 사실을 되새겨 주지요. 세계와 인간에 관해 아직 배워야 할 것이 너무나 많습니다. 내일의 누군가는 오늘 우리가 믿는 모든 것에 의문을 던질 새로운 발견을 하게 될지도 몰라요. 이것이 바로 고고학자들이 놀라움과 기대감으로 가득 차 있는 이유지요!

일러두기

* 원저작권사의 요청에 따라 한국어판에서는 원서에 수록된 사진 일부를 제외하였
  고, 한국 독자들에게 유용한 사진들을 추가로 수록했습니다.

1장
얼음 인간 외치

석기 시대에서 온 시간 여행자

오스트리아 – 이탈리아 알프스, 기원전 3300년

높은 골짜기, 한 남자가 산비탈을 성큼성큼 걸어 오르고 있네요. 이 남자는 자기에게 필요한 모든 것, 음식과 연료와 무기를 등에 지거나 벨트에 달린 가죽 주머니 안에 잘 넣어 두었습니다.

남자는 소나무 숲을 뚫고 얼음으로 뒤덮인 정상을 향해 끝없이 전진합니다. 숨을 내쉴 때마다 입김이 나오지만, 동물 가죽으로 만든 옷으로 몸을 따뜻하게 유지하고 있지요. 벨트에는 남자가 잡은 새 몇 마리가 매달려 있습니다.

비탈길을 오르내린 그의 발자취를 따라가 보면 이 남자는 급하게 움직인 것이 분명합니다. 무엇을 찾으려고 그렇게 높은 산을 오른 걸까요? 아니면 무언가로부터 달아나고 있었던 걸까요?

남자는 끝내 산길을 벗어나지 못할 겁니다. 이 남자의 여행은 스톤헨지가 세워지기도 훨씬 전에, 고대 이집트인들이 피라미드를 만들기도 훨씬 전에 이루어졌어요.

그는 누구였고 또 어디로 가고 있던 것인지, 이 질문에 대한 답은 수천 년 동안 눈과 얼음 밑에 보존되어 있었습니다. 역사상 가장 오래된, 풀리지 않은 살인 사건이었지요. 고대 디엔에이(DNA)에 대한 연구가 진보해서 그의 비밀이 밝혀지면, 초창기 인류의 도구와 기술, 이동 거리, 고대에도 인류를 괴롭혔던 질병에 대한 우리의 가정은 산산조각이 날 거예요.

소름 끼치는 발견

1991년 9월의 어느 화창한 날, 독일인 부부 에리카 사이먼과 헬무트 사이먼은 오스트리아와 이탈리아 국경 근처에 있는 외츠탈 알프스 지역에서 하이킹을 하며 휴가를 보내고 있었습니다. 풍경은 장관을 이루었지만, 산소가 희박해 등산하기는 힘들었어요. 두 사람은 지정된 등산로에서 벗어났다가, 햇볕에 살짝 녹은 얼음을 뚫고 튀어나온 갈색 물체를 언뜻 보게 되었습니다. 그 물체에 가까이 다가가던 그들은 그만 걸음을 멈추고 말았어요. 엎드린 채 죽은 사람의 머리와 등이 분명했거든요. 비극적인 사고로 최근에 사망한 등산객이 틀림없다고 생각했어요.

사이먼 부부는 한 시간 거리에 있는 가장 가까운 대피소로 서둘

산과 빙하가 있는 외츠탈 알프스의 풍경.

러 내려가 그곳 주인에게 이야기했습니다. 다음 날, 경찰관과 자원
봉사자들이 현장으로 가서 얼음 속에서 시체를 꺼내려고 애를 썼
지만, 그 시체는 꿈쩍도 하지 않았지요. 시체는 특이한 자세로 바
위 위에 뻗어 있었습니다. 몸통 아래에 있는 왼팔은 오른쪽으로 튀
어나와 있었고, 오른손은 바위 밑에 끼어 있었어요. 사람들은 가죽
조각과 손으로 만든 밧줄 같은 이상한 물건들이 얼음 속에 얼어붙
은 채로 시체 주변 여기저기에 흩어져 있는 것을 발견했습니다. 산
악인들이 흔히 사용하는 장비가 아니었어요. 이 사람은 대체 누굴

까요? 피부는 냉동 건조된 것처럼 이상하게 보였지요. 시체 근처에서 가장 눈에 띄는 물건은 구리 날 같은 것이 달린 수제 도끼였습니다.

그 기이한 시체는 발견된 지 나흘이 지나서야 겨우 얼음 밖으로 나왔습니다. 자세한 분석 없이 시체의 나이를 판단하기는 불가능했지만, 한 법의학자는 100년은 되었을 거라고 짐작했습니다. 몇몇 사람은 폭풍 속에 길을 잃고 얼어 죽은, 제1차 세계 대전 참전 군인일지도 모른다고 생각했지요. 시체는 운반용 부대에 담겨 헬리콥터로 이송된 뒤, 영구차에 실려 오스트리아 인스브루크에 있는 법의학 연구소로 옮겨졌습니다.

시체의 신원을 확인하고 수상한 사인을 밝히기 위해 법의학 조사가 진행되었습니다. 조사 초반, 정말로 몇백 년 된 시체임이 확실해졌습니다. 사건 담당 검사는 역사 전문가를 불러야 할 때라는 것을 깨달았지요. 고고학자이자 역사학자인 콘라트 스핀들러가 시체를 살펴보고는 족히 1,000년은 되었을 거라고 말했습니다.

얼음 밖으로 나온 그 짧은 시간 동안 시체가 부패하기 시작했기 때문에 시신을 얼음처럼 차가운 방 안에 넣었습니다. 체조직과 장비, 시체에서 발견된 식물 잔해 샘플은 방사성 탄소 연대 측정을 하기 위해 세 곳의 연구소로 보냈어요. 측정 결과 모두 같은 내용의 놀라운 사실이 나타났습니다. 기묘할 정도로 온전하게 남아 있는 그 시체는 5,300년 전에 살았던 남자였어요! 사이먼 부부는 지

외치가 처음 발견되었을 때의 모습 그대로 재현한 모형.

방사성 탄소(탄소14) 연대 측정법

탄소14는 살아 있는 모든 유기체에 존재하는 탄소의 동위 원소입니다. 유기체가 음식이나 공기를 소비할 때 탄소14가 꾸준히 다시 채워지지요. 유기체가 죽고 나면 그 조직 안에 있던 탄소14 역시 일정한 속도로 부패합니다. 그래서 과학자들은 죽은 유기체 안에 탄소14가 얼마나 많이 남아 있는지 측정하여 그 유기체가 죽은 뒤 얼마나 지났는지 추정합니다. 이러한 과학 발전 덕분에 고고학자들은 50,000년씩이나 된 화석과 유물의 연대를 측정할 수 있답니다.

금까지 발견된 것 중 가장 오래된, 자연적으로 보존된 인체를 우연히 발견한 것입니다.

인간 타임캡슐

고고학자를 비롯해 여러 과학자들은 곧 이것이 얼마나 놀랍고 드문 발견인지 깨달았어요. 얼음 인간 외치(한 기자가 시체가 발견된 산악 지역의 이름을 따서 붙여 준 별명)는 손상 없이 아주 온전한 상태여서 고대 세계를 들여다볼 수 있는 독특한 창문 역할을 해 주었습니다. 그 지역에서 외치가 살았던 시대의 유물은 발견된 적이 거의 없었어요. 우리의 신석기 시대 조상들이 어떤 모습이었을지 아무도 제대로 알지 못했습니다. 그들은 우리랑 비슷하게 생겼을까요? 일상은 어땠을까요? 그들은 무엇을 입고 먹었을까요? 어디로, 무슨 이유로 이동을 했을까요?

지금까지 외치와 같은 존재가 발견된 적은 없었습니다. 빙하 속에 완벽하게 보존된 그의 시신과 장비는, 인류 역사의 전환점이었던 신석기 시대의 삶을 담고 있는 타임캡슐이었지요.

그런데 외치는 어떻게 5,300년이 넘도록 손상되지 않은 채 남아 있었을까요? 외치는 높은 고도에서 사망했는데 시간이 흐르면서 체조직이 건조되고 보존되자 그의 시신은 빙하에 의해 미라가 되었습니다. 이집트에서는 부패를 막기 위해 특별한 물질로 미라를 처리했던 반면, 외치에게는 이 모든 과정이 자연적으로 일어났던 겁니다. 이 "축축한 미라"는 두꺼운 눈과 얼음층으로 덮여 보존될 수 있었지요.

고고학자들은 다음 해인 1992년 여름까지 기다렸다가 외치가 발견된 장소를 제대로 발굴했습니다. 뜨거운 증기로 눈과 얼음을 제거한 뒤에 훨씬 더 많은 옷과 장비를 찾아낼 수 있었어요. 외치의 몸에 남아 있던 식물 흔적들, 꽃가루와 씨앗, 이끼, 균 같은 것들도 발견했습니다. 이 모든 것에 외치의 식생활과 집, 여행에 대한 중요한 단서가 남아 있지요.

신석기 시대의 소지품

외치는 산의 야생 환경에 맞게 따뜻한 옷차림을 하고 있었어요. 옷은 동물 힘줄, 풀, 나무의 섬유질로 꿰맨 동물 가죽, 땋은 풀로 만들었습니다. 외치의 옷차림은 이러했어요.

- 겉에 털이 달린, 염소 가죽으로 만든 긴 코트.
- 염소와 양의 가죽으로 만든 레깅스.
- 송아지 가죽으로 만든 벨트와 주머니.

- 안쪽에 털을 덧댄 곰 가죽 밑창과 사슴 가죽을 꿰매어 만든 신발.
- 곰 가죽 모자.
- 나무틀과 가죽 주머니로 만든 배낭.

외치의 장비를 보면 외치가 식물과 동물을 기발하게 활용해 필요한 물건들을 만들었다는 것을 알 수 있어요.

- 자작나무 껍질로 만든 원통형 그릇 두 개, 가볍고 튼튼함.
- 불 피우는 도구 모음.(아마도 타다 남은 숯이었을 물건을 단풍잎으로 싸 놓았음.)
- 긁거나 구멍을 파기 위한 도구들과 부싯돌.
- 지혈에도 쓸 수 있는 항생제인 자작나무 균.

얼음 인간 외치는 늑대 같은 야생 동물이나 무기를 든 사람들과 마주칠 때를 대비해 다음과 같은 무기들로 무장하고 있었어요.

- 주목 나무로 만든 긴 활. 아직 미완성.(활시위를 달지 않은 상태.) 이 활의 복제품으로 실험해 보니 30~50미터 떨어진 목표물을 정확하게 맞힐 수 있었음.
- 사슴 가죽으로 만든 화살통에는 화살대 열두 개가 들어 있었

지만 그중 단 두 개만 부싯돌로 만든 화살촉과 화살 깃이 달린 완성품이었음.

• 부싯돌로 만든 날과 물푸레나무로 만든 손잡이가 달린 단검. 칼날을 손잡이 안쪽으로 집어넣어 동물의 힘줄로 단단하게 묶어 놓았음.

• 주목 나무 손잡이가 달린 구리 날 도끼. 날은 자작나무 진액으로 고정한 뒤 가죽끈으로 묶어 놓았음.

신석기 시대의 생활

신석기 시대라는 명칭은 돌을 갈고 닦아서 만든, 당시 사람들이 사용했던 도구에서 따왔어요. 지역에 따라 다르지만 신석기 시대는 대략 기원전 10000년에 시작되어 기원전 3000~2000년 청동기 시대의 시작과 함께 끝났습니다.

고대 조상들은 한때 떠돌아다니는 수렵 채집인으로 살았지만, 신석기 시대에 들

신석기 시대의 무기는 보통 나무와 부싯돌, 나무 섬유질로 만들어졌다.

어와 마을에 정착하기 시작했답니다. 신석기인들은 밀과 보리 농사를 짓고 염소와 양을 키웠어요. 인구가 증가하기 시작했고, 사람들은 서로 물물 교환을 하기 위해 여행을 하기 시작했습니다.

미완성 상태의 활과 화살은 이해하기 어려웠습니다. 외치는 준비되지 않은 무기들을 가지고 산에서 대체 무엇을 하고 있었던 걸까요? 하지만 전문가들이 가장 많이 놀란 것은 바로 구리로 만든 도끼였지요. 이런 종류의 도끼는 전 세계에서 이것이 유일했고, 외치가 살았던 시대치고는 엄청나게 발전한 것이었거든요. 아주 오랫동안 전문가들은 금속을 채굴하고 세련하는 기술이 유럽에 등장한 것은 훨씬 나중이라고 생각해 왔습니다. 이제 신석기 시대의 기술 연표를 완전히 바꿔야 했지요. 외치 시대의 사람들은 이미 석기 이후의 단계로 넘어갔던 것이 분명합니다.

게다가 그 도끼날에 쓰인 구리는 남쪽으로 수백 킬로미터 떨어진 곳에서 온 것이었어요. 이는 당시 사람들이 그 누가 생각했던 것보다도 훨씬 더 넓은 지역으로 여행과 무역을 다녔다는 것을 뜻했지요. 그리고 그 도끼에는 외치의 정체에 대한 흥미진진한 단서가 있었습니다. 외치가 살았던 시대에는 계급이 높은 사람만이 그렇게 누구나 부러워할 만한 무기를 가질 수 있었습니다. 그런 무기를 너무나 소중히 여겨 종종 무덤에 같이 묻기도 했지요. 외치는 영향력 있는 인물이었을지도 몰라요.

외치의 이야기를 종합해 보면

　오스트리아 과학자들은 엑스레이와 시티(CT, 컴퓨터 단층) 촬영을 활용해 외치의 몸을 살펴보았습니다. 몸속을 조사해 보기 위해 몇 군데 절개도 제한적으로나마 해 보았어요. 그런 뒤에 외치는 그의 영원한 집이 된 이탈리아 볼차노의 남티롤고고학박물관으로 옮겨졌습니다. 외치는 부패하지 않도록 항상 온도 영하 6도, 습도 99퍼센트의 빙하에 가까운 상태로 보관되고 있답니다.

　과학자들과 고고학자들은 증거를 한데 모아서 외치가 어디에서 왔고 어디로 향하고 있었는지에 대한 가설을 세워 보았어요. 뼈와 치아에 남아 있는 화학적 증거들은 외치가 이탈리아 북부, 아마도 외츠탈 알프스 남쪽에서 그리 멀지 않은 계곡에서 성장했고, 시신이 발견된 남서쪽 골짜기에서 성인기를 보냈을 것이라는 사실을 암시했습니다.

　외치의 창자에는 두 종류의 나무에서 나온 꽃가루가 남아 있었습니다. 하나는 낮은 고도에서 자라는 것이었고, 다른 하나는 높은 산비탈에서 자라는 것이었지요. 이는 그가 죽기 직전 계곡에서 산 위로 이동했음을 알려 줍니다.

　처음에 연구자들은 외치가 산비탈에서 양 떼를 방목하다 눈 폭풍에 길을 잃은 양치기였으리라 추정했어요. 하지만 이 가설을 뒷받침해 줄 양모의 흔적이나 다른 증거는 발견되지 않았습니다.

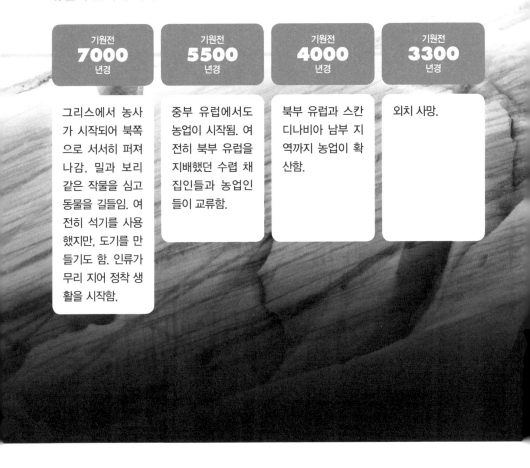

기원전 **7000** 년경	기원전 **5500** 년경	기원전 **4000** 년경	기원전 **3300** 년경
그리스에서 농사가 시작되어 북쪽으로 서서히 퍼져 나감. 밀과 보리 같은 작물을 심고 동물을 길들임. 여전히 석기를 사용했지만, 도기를 만들기도 함. 인류가 무리 지어 정착 생활을 시작함.	중부 유럽에서도 농업이 시작됨. 여전히 북부 유럽을 지배했던 수렵 채집인들과 농업인들이 교류함.	북부 유럽과 스칸디나비아 남부 지역까지 농업이 확산함.	외치 사망.

고대의 살인 사건?

방사선 전문의 폴 고스트너는 엑스레이 사진을 계속 검토했습니다. 그리고 시신이 발견되고 10년이 지난 뒤, 놀라운 것을 발견

기원전 **3000** 년대경	기원전 **3200** 년대경	기원전 **3100** 년대경	기원전 **2000** 년경
양털에서 실을 자아 직물을 만듦.	장신구와 도구를 만드는 데 구리가 더 흔하게 쓰임.	브리튼섬에서 매장과 의례를 기념하는 스톤헨지가 세워지기 시작함.	유럽에서 청동기 시대가 본격적으로 시작됨. 도구와 무기를 만드는 데 청동이 널리 쓰이면서 신석기 시대가 막을 내림.

했다고 발표했습니다. 바로 외치의 어깨에 박혀 있는 돌 화살촉이었어요. 엑스레이 사진상으로는 갈비뼈 일부라고 잘못 판단했던 것이었지요. 외치는 뒤쪽에서 화살에 맞았습니다. 그 화살로 동맥이 끊어졌어요.

이상하게도 문제의 화살대는 시신 근처에서 발견되지 않았습니다. 공격을 했던 사람이 외치가 쓰러진 뒤에 화살대를 부러뜨려 가져간 걸까요? 그렇다면 그 사람은 왜 값비싼 구리 도끼는 가져가지 않은 걸까요? 연구자들은 그랬다간 그 살인자가 도끼 때문에 범인으로 몰릴 수 있고, 잡힐 위험이 크다는 점을 두려워했을 것으로 추측했습니다.

외치는 경쟁자에게 살해당한 걸까요? 적들은 계곡에서 외치와 싸우다 산 위까지 그를 뒤쫓아 왔던 걸까요?

고스트너는 엑스레이 사진에서 외치의 위가 시신을 덮은 얼음의 무게에 밀려 거의 가슴까지 올라갔다는 사실도 찾아냈습니다. 시티 촬영 사진상에서는 위가 가득 차 보였어요. 위 속에 외치가 마지막으로 먹은 음식이 남아 있었던 걸까요?

시티 촬영

시티(CT) 촬영은 삼차원 엑스레이 촬영과 같은 방식으로 이루어집니다. 원형 엑스레이 탐지기가 촬영 대상의 주변을 회전하면, (마치 잘라 놓은 빵 조각 같은) 횡단면 이미지와 정보를 조합하는 컴퓨터를 통해 엄청난 양의 데이터가 처리됩니다. 그 결과물은 인체 내부를 자세하고 다차원적으로 보여 주지요. 병원에서는 신체 내부의 상처, 종양, 질병을 확인하는 데 시티 촬영을 활용해요.

얼음 인간을 해동하다

2010년, 남티롤고고학박물관의 과학자들은 외치를 "해동"하여 부검을 하겠다는 어려운 결정을 내렸습니다. 그 과정에서 외치의 몸을 망가뜨릴 위험이 분명히 있어서 과학자들은 그 위험을 최소화할 계획도 세워 두었지요. 그리고 외치를 기후 조건이 관리되던 지하실에서 꺼내 해동했습니다. 그런 뒤에 아홉 시간이 넘도록 병리학자, 미생물학자, 외과 전문의로 구성된 일곱 개의 전문가 팀이 이 얼음 인간을 연구했어요.

첫 번째 팀은 검사 도중에 외치의 몸이 허물어지지 않도록 특별 제작된 상자 안에 외치를 눕혔습니다. 얼어 있던 체조직이 일단 녹기 시작하자 몸이 눈에 띄게 늘어지기 시작했어요. 첫 번째 팀의 연구자들은 절개된 부위에 내시경을 집어넣어 화면을 통해 화살촉을 관찰해 보려고 했지요. 하지만 내시경은 체조직에 막혀 깊이 들어가지 못했습니다. 외과의가 새로운 부위를 절개할지 여부를 재빨리 결정해야 했어요. 외치가 유일무이한 문화재라는 점을 감안할 때 절개를 더 하면 손상이 심할 거라고 판단했습니다. 결국 화살촉은 수수께끼로 남게 되었지요.

그다음 팀은 뇌를 살펴보았습니다. 시티 촬영에서 어둡게 나타난 부분이었지요. 과학자들은 두개골에 드릴로 뚫어 놓은 구멍 안쪽으로 펜치를 넣어 뇌에서 작은 샘플을 채취했습니다. 연구실에서 실험한 결과, 혈액이 존재한다는 사실이 확인되었어요. 이는 외치가 죽기 직전 머리를 심하게 맞았다는 것을 뜻했습니다.

마지막으로 위를 살펴볼 차례가 되었어요. 내시경으로 위가 음식물로 가득 차 있었다는 사실을 밝혀냈지요. 위에서 채취된 샘플들은 곡물, 고기, 지방으로 확인되었습니다. 외치가 마지막으로 먹은 음식에는 인류가 최초로 경작한 작물 중 하나인 외알 밀도 들어 있었어요. 외치는 아이벡스 고기도 먹었습니다. 아이벡스는 지금도 알프스산맥에 사는 야생 염소지요. 외치는 인류가 이제 막 밀을 기르기 시작했지만 여전히 야생 동물을 주식으로 삼았던, 그 인류 역사의 전환기에 살았던 남성인 것이지요.

그 마지막 식사에는 또 다른 단서가 들어 있었어요. 음식물은 위에 한 시간가량 머물렀습니다. 이 남자는 죽기 직전에 많은 음식을 먹었던 것입니다. 목숨에 위협을 느끼고 도망치던 사람이라고 보기 어려운 행동이었어요.

그렇다면 외치는 어떻게 죽게 된 걸까요? 부검을 지휘했던 알베르트 징크는 단서들을 한데 모아 봤습니다. 외치는 미완성 활과 화살을 들고 여행 중이었고, 중간에 멈춰서 많은 음식을 먹을 정도로 느긋한 상태였어요. 종합해 보면 한 가지 가능한 시나리오가 떠올랐습니다. 외치가 경계를 늦출 정도로 잘 아는 사람이 그의 등에 화살을 쏘았고 외치는 뒤에서 공격받아 살해당한 것입니다.

머리에 입은 부상은 어떻게 된 것일까요? 두 가지 설명이 가능

외치는 어떻게 생겼을까?

분석 결과, 이 남자의 모습이 드러났습니다.

- 나이: 뼈를 조사한 바에 따르면 45세 정도.
- 키: 약 1.6미터.
- 몸무게: 약 50킬로그램. 산을 오르면서 다리 근육이 강하게 단련된, 늘씬하고 건강한 몸매였을 것.
- 머리카락: 짙은 색상에 중간 길이.
- 문신: 피부를 절개한 자리에 숯을 문지르는 방식으로 만든 총 61개의 선과 십자 표시. 모두 경혈점에 있어서 과학자들은 고통을 줄이기 위한 것이라고 여김.
- 상처: 손바닥을 가로질러 베인 상처가 있음. 손 싸움을 하다 방어 과정에서 생긴 것으로 보임. 엑스레이를 통해 골절 및 닳고 찢어진 관절 상태가 드러남.
- 기타: 열두 번째 갈비뼈 누락. 이는 희귀한 유전 질환임.

외치가 실제로 어떻게 생겼을지 과학으로 복원해 낼 수 있을까요? 시티 촬영한 몸통 사진과 그의 신체적인 특징을 보여 주는 모든 증거에 더해, 두개골을 복제하는 스리디(3D) 프린팅 기법의 하나인 스테레오리소그래피를 활용하여, 두 명의 예술가가 함께 외치를 실제 크기로 복원했습니다. 실리콘 고무와 합성수지, 색소, 자연 모발을 사용해 만들었지요. 그 결과물은 놀랍게도 실제 사람 같답니다.

해요. 외치를 공격한 사람이 화살로 상처를 입힌 뒤 뭔가 무거운 물건으로 다시 한번 치명타를 가했거나, 혹은 화살에 맞은 외치가 쓰러지면서 바위에 머리를 부딪쳤을지도 모릅니다.

아홉 시간의 검사가 끝난 뒤, 외치의 몸은 다시 봉합되었습니다.

외치의 위를 통해 본, 인간의 질병과 이주의 역사

과학자들이 아주 오래된 디엔에이를 해독할 수 있게 되면서 새로운 과학적 도약이 가능해졌습니다. 바로 질병을 일으켰던 고대의 미생물을 복원하는 것이지요. 유물에서 추출한 디엔에이 중에는 인간의 것도 있지만 인간의 것이 아닌 것도 눈에 띕니다. 보통 박테리아지요. 외치의 위에서 채취한 샘플들을 통해 위 속에 박테리아가 한 종류 들어 있었다는 사실을 밝혀냈습니다. 그 박테리아는 접촉으로 전염되기 때문에 연구자들은 인류의 이동 경로를 추적하는 데에 그 박테리아를 활용할 수 있었지요.

현대 유럽에서 그 박테리아는 두 가지 고대 계통의 잡종으로 나타납니다. 하나는 유라시아에서 왔고, 다른 하나는 아프리카에서 왔어요. 하지만 외치의 몸에 남아 있던 박테리아는 순수한 유라시아 계통이었습니다. 따라서 지난 5,000년 동안, 우리가 생각했던 것보다 훨씬 나중 시기에 아프리카에서 온 사람들이 그 박테리아를 유럽으로 가져온 것이 틀림없어요.

"외치의 몸속, 몸 밖, 그를 둘러싼 모든 것, 그 모든 비밀이 조사 대상이 되어 드러났습니다. 화살촉만 유일하게 몸속에 남아 있어요. 마치 외치가 '이게 내 마지막 비밀'이라고 말하는 것 같네요."

— 알베르트 징크

외치의 시신은 얼음처럼 차가운 방으로 즉시 돌아왔고 멸균수 스프레이가 닿자마자 냉동되었습니다. 이 조사를 통해 149개의 생물학적 샘플이 채취되었고, 이후 몇 년에 걸쳐 연구가 진행되었어요.

디엔에이의 비밀

외치의 부검에서 나온 샘플 중에는 아주 작은 뼛조각들도 있었습니다. 여기에서 외치의 오래된 디엔에이를 추출할 수 있을지도 모른다는 희망으로 이 뼛조각들을 분쇄해 보았습니다. 수천 년이나 된 디엔에이를 해독할 수 있는 기술은 최근에야 극적으로 발전했지요. 과학, 특히나 고고학계의 엄청난 발전이었어요. 연구자들은 디엔에이가 손상되지 않았기를 바랄 뿐이었습니다.

외치는 완벽하게 얼어 있었기 때문에 성공할 가능성이 컸지만, 동시에 "축축한 미라" 상태였기에 높은 습도는 디엔에이 샘플이 보존되는 데 해롭기도 했습니다. 외치를 만졌던 사람들이 자신들

이탈리아 남티롤볼차노박물관에 전시되어 있는 외치 모형.

의 디엔에이로 오염시켰을 가능성도 있었어요.

뼛속 깊은 곳에서 채취한 샘플들을 디엔에이 염기 서열을 복원하는 연구소로 보냈습니다. 결과는 성공이었어요! 과학자들은 외치가 갈색 눈동자와 O형 혈액형, 유당 불내증을 가지고 있었다는 사실을 확인했습니다.

미생물의 디엔에이도 발견해 냈어요. 연구자들은 외치가 라임병(진드기에 물려서 걸리는 세균성 감염 질환—옮긴이)을 가진 최초의 사례였음을 알아냈지요. 디엔에이를 통해 외치에게 심장 질환에 걸리기 쉬운 소인이 있었다는 사실 또한 드러났습니다. 이 얼음 인간의 디엔에이는 과거를 들여다볼 수 있는 또 다른 창을 열어 주어 인간 질병의 역사를 과학적으로 이해하는 데 변화를 가져왔습니다. 현대에 생겨난 질병으로 여겨져 온 심장병과 라임병은 선사 시대부터 존재했던 것입니다. 바로 그 유전자 표지가 우리의 신석기 시대 조상들에게도 있었으니까요.

또 다른 놀라운 사실이 아직 남아 있었지요. 외치와 가장 가까운 후손은 알프스가 아니라 훨씬 더 멀리 떨어진 이탈리아 서쪽 해안

근처의 사르데냐섬에 있었습니다. 외치의 디엔에이를 통해 그가 약 9,000년 전 터키에서 유럽으로 이주한 농부들의 후손임이 드러났지요. 또한 고대의 디엔에이가 지금까지 유지될 정도로 고립되어 있는 사르데냐섬을 제외하면, 찾아보기 드문 유전 인구 집단에

생명체의 암호, 디엔에이

디엔에이는 식물, 동물, 사람, 심지어 바이러스까지 포함해 모든 생명체 안에 존재하는 유기 화학 물질, 즉 데옥시리보 핵산을 의미합니다. 디엔에이는 선천적 특성에 대한 유전 정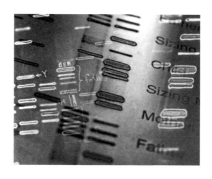보를 포함하고 있지요. 우리가 부모, 형제와 디엔에이를 공유하기 때문에 서로 닮아 보이는 것입니다. 디엔에이에는 우리 자신에 대한 정보뿐만 아니라 조상들에 대한 정보도 담겨 있습니다.

1988년, 옥스퍼드대학의 연구 팀이 고대의 뼈에서 디엔에이를 추출해 분석할 수 있다는 사실을 발견했습니다. 이제는 지금 살아 있는 사람이 수백 년 전, 심지어 수천 년 전에 살았던 사람의 후손인지도 확인할 수 있어요.

속해 있었습니다.

외치의 좀 더 먼 친척들은 오늘날 알프스 지역에 살고 있습니다. 외치의 디엔에이는 희귀한 Y 염색체 변형을 보였지요. 오스트리아인 4,000명이 기부한 혈액 샘플을 비교해 본 결과, 그중 19명의 남성이 외치와 똑같이 변형된 Y 염색체를 가진 것으로 밝혀졌고, 그들은 얼음 인간이 발견된 바로 그 장소에서 그리 멀지 않은 곳에 살고 있었습니다.

우리가 안다고 생각했던 것
+
새롭게 알게 된 것

　외치를 조사할 때마다 우리는 신석기 시대의 조상들에 대해 더 많이 배우게 됩니다. 그중 한 가지는 그들이 우리가 생각했던 것보다 훨씬 더 기술적으로 진보했다는 것이지요. 그들은 이미 무기를 만들기 위해 금속을 채굴하여 제련했고, 지식과 자원을 나누면서 우리가 상상했던 것보다 훨씬 더 먼 거리를 여행하고 상거래를 했습니다. 또 외치는 지금도 우리가 연구하고 치료하기 위해 노력하는 질병의 초기 단계에 대해서도 가르쳐 주었어요.

　얼음 인간 외치는 현재를 사는 우리와 고대 조상들 사이를 이어 주는 아주 특별한 연결 고리입니다. 연구자들은 외치를 연구할수록, 연민이 생길 정도로 외치가 너무나 생생하게 느껴진다고 이야기해요. 외치와 공통의 조상을 둔, 현재 생존해 있는 사람들이 있다는 사실은 과거를 훨씬 더 가깝게 느끼게 합니다. 그 덕분에 우리는 오래된 조상들을 바라볼 수 있고, 그 안에 반영된 우리 자신을 볼 수 있답니다.

2장

치명적인 지식

가장 오래된 독을 발견하다

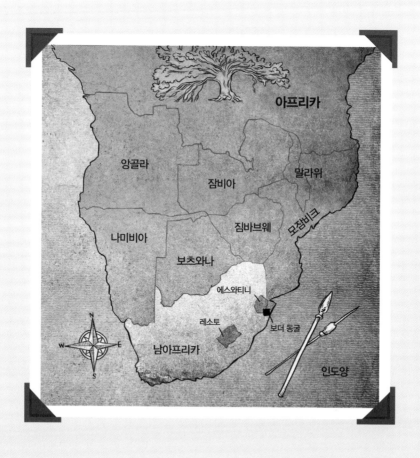

남아프리카

사냥꾼이 젬스복의 발자국을 좇아왔습니다. 젬스복은 아프리카 대초원에 사는 영양입니다. 드디어 사냥감을 발견하자 사냥꾼은 조심스럽게 젬스복 가까이 다가가기 시작합니다. 사냥꾼이 들고 있는 작은 활은 크고 날쌘 짐승을 잡을 수 있을 만큼 튼튼해 보이지 않지만, 화살에 비밀이 숨어 있습니다. 얇은 돌 화살촉에 독을 발라 놓았지요. 사냥꾼은 활을 쏘기에 적당한 거리까지 조용히 움직입니다. 기회는 한 번뿐이니까요.

활을 조준하고 시위를 당깁니다. 화살이 사냥감을 맞히자 가느다란 화살대가 땅으로 떨어집니다. 젬스복이 비틀거립니다. 독이 묻은 화살촉은 아직 가죽에 남아 있지요. 사냥꾼은 동물의 몸 안에 독이 퍼져 움직임이 둔해지기를 기다리면서 그 뒤를 계속 좇습니다. 마침내 동물은 쓰러지고, 사냥꾼은 가까이 다가가 작살로 사냥을 마무리합니다.

이 장면은 몇천 년 전, 어쩌면 고작 몇십 년 전에 일어났을지도 모릅니다. 산(San)족이라 불리는 수렵 채집인들은 오늘날 남아프리카에 살고 있는데, 고고학자들이 아프리카 동굴에서 발굴한 후기 석기 시대의 유물과 매우 비슷한 도구와 무기, 독을 사용하지요.

　인간을 연구하는 인류학자들과, 과거의 인류가 남긴 물질을 연구하는 고고학자들은 도구와 무기가 언제부터 만들어지기 시작했는지 정확한 시점을 찾아내기 위해 노력해 왔습니다. 인간은 언제부터 돌과 나무를 결합해 작살을 만들기 시작한 걸까요? 과연 언제부터 활과 화살을 만들기 시작한 걸까요? 화살촉에 독을 묻히는 방법을 처음 생각해 낸 것은 언제일까요? 이 어려운 문제들의 답을 찾아낼 열쇠가 현대의 과학과 기술에 있습니다. 그리고 지금까지 발견된 것들은 인류 기술의 여명기에 관한 생각을 크게 바꾸어 놓을 것입니다.

보더 동굴의 비밀

남아프리카 공화국과 스와질란드(2018년 나라 이름을 에스와티니로 바꿈—옮긴이)의 국경 가까이에 있는 한 동굴에서 고대 인류가 만든 놀라운 유물이 나왔습니다. 지금 사라진 인류의 조상이 200,000년 전 남긴 흔적이지요. 고고학자들이 보더 동굴에서 발견한 유물들을 보면 현생 인류는 아프리카 남쪽에서 출현했을 가능성이 아주 큽니다.

그 원형 동굴의 입구는 높이 약 600미터의 낭떠러지에 있습니다. 1940년에 첫 발굴이 시작되었지요. 화석과 유물층을 켜켜이 되짚어가는 과정은 마치 수천 년을 거슬러 석기 시대로 돌아가는 여행과 같아요. 동굴에서 발견한 것은 다음과 같습니다.

보더 동굴 입구에서 바깥을 바라본 모습.

- 타조알 껍데기로 만든 장식 구슬.
- 돼지 어금니로 만든 도구.(아마 나무를 깎고 다듬는 데 썼을 것.)
- 표식이 새겨진 뼈.(수를 세기 위한 것일까?)
- 검붉은 흙으로 채운 소용돌이 홈이 있는 가느다란 뼈 촉.(오늘날 산족이 화살촉에 남기는 표식과 매우 비슷함.)

2012년, 여러 나라에서 모인 연구자들은 동굴에서 발견한 귀중한 유물에 새로운 기술을 적용하기 시작했습니다. 보더 동굴에서 첫 발굴이 이루어진 뒤에 방사성 탄소를 이용한 연대 측정법(17면 참고)이 계속 발전했어요. 이제 유기 물질에 남아 있는 탄소14 수치를 통해 연도를 좀 더 정확하게 계산할 수 있고 날짜도 훨씬 더 정밀하게 밝힐 수 있습니다.

고고학자들은 오랫동안 인류가 20,000년 전(아프리카에서 후기 석기 시대로 알려진 시기) 무렵 돌을 깎아 만든 작살을 활과 화살로 대체하고, 좀 더 복잡한 도구를 만들기 시작했을 거라고 생각해 왔습니다. 하지만 방사성 탄소 연대 측정법의 발전 덕분에 전혀 예상하지 못했던 사실을 발견하게 되었습니다. 보더 동굴 근처에 살았던 인류는 짐작했던 것보다 훨씬 더 오래전에, 현대의 수렵 채집인들인 산족이 사용하는 것과 같은 도구와 무기를 만들었다는 것 말이지요.

- 식물 섬유로 감싼 밀랍 혼합물은 뼈와 돌로 만든 촉을 화살대에 붙이는 데 쓰였을 거예요. 새로 연대를 측정해 보니 40,000년이나 된 것이었어요. 인간이 밀랍을 활용했음을 보여 주는 가장 오래된 사례입니다.
- 39,000년 된 것으로 밝혀진 땅 파는 막대기는 이런 도구 가운데 가장 오래된 것인데 산족 여자들이 구근과 흰개미 유충을 캐낼 때 쓰는 도구와 많이 닮았습니다.

새롭게 밝혀진 더 정확한 연대를 통해 기존 기록이 갱신되었을 뿐 아니라, 초창기 현생 인류가 44,000년 전에 그 기술을 사용하기 시작했다는 것을 알게 되었지요. 짐작했던 것보다 무려 20,000년이나 앞선 것입니다!

발견된 사실 가운데 깜짝 놀랄 만한 것이 더 있습니다. 수직으로 긁힌 자국이 남아 있는 가느다란 나무 막대기가 고고학자들의 관심을 끌었습니다. 화학 분석 결과 리시놀레산 성분(아주까리 열매에서 나온 독)이 나왔습니다. 고고학자들은 이 막대기가 화살촉에

산족

산족은 남아프리카에 사는 수렵 채집인입니다. 오늘날에도 수렵 채집인들은 선사 시대 때처럼 야생 식물을 채집하고 사냥과 낚시를 합니다. 농사를 짓거나 동물을 기르지는 않고, 식량을 찾아다니며 유목 생활을 하지요. 산족은 작은 활이나 독침이 달린 화살 같은 독특한 무기를 이용해 사냥을 합니다. 산족은 석기 시대 수렵 채집인들에 가장 가까운 삶의 방식을 보여 주는, 살아 있는 예라 할 수 있지요.

독을 묻히는 용도로 쓰였으리라 판단했습니다. 24,000년이나 된, 인류가 독을 사용했다는 것을 보여 주는 가장 오래된 증거지요!

식물에서 추출하는 독

고고학자 발렌티나 보르자는 옛 조상들이 과연 얼마나 오래전 부터 나무와 꽃에서 독성분을 추출해 더 치명적인 무기를 만들어 온 것일까 궁금했습니다. "우리는 바빌로니아인, 그리스인, 로마 인이 식물에서 나온 독을 사냥과 전쟁에 이용했다고 알고 있지요. 하지만 얼마나 오래전부터 그랬던 것인지를 알 수 있는 역사적인 근거가 없습니다."

보르자는 각기 다른 환경에서 자라는 다양한 독성 식물을 연구 하기 시작했어요. 그리고 현대의 수렵 채집인들이 이 식물을 어떻 게 활용하는지 살펴보았습니다.

"오늘날 수렵 채집 사회를 찾아보기는 어렵지만, 드물게 남아 있 는 수렵 채집인들은 모두 독을 사용합니다." 아마존 열대 우림에 사는 야노마미족은 지금도 쿠라레(스트리크노스 덩굴 식물에서 온 것)를 사냥용 독화살을 만드는 데 사용합니다. 쿠라레는 의학적 으로는 수술 중 근육을 이완시키는 마취제로 쓰이기도 합니다. 하 지만 다량의 쿠라레는 호흡근을 마비시켜 죽음에 이르게 하지요.

보르자는 고대의 수렵 채집인들 역시 독을 사용했으리라 확신했습니다. 어쨌든 그들의 돌 화살촉은, 그것만으로는 커다란 짐승을 죽일 수 있을 정도로 강력하지 않았을 테니까요. 고대인들은 주변에서 식용, 약용 혹은 독으로 쓸 만한 식물들을 잘 알고 있었을 겁니다. 그저 합리적인 추측이었지요. 보르자는 자신의 예감이 맞는다는 것을 증명하고 싶었습니다.

하지만 보르자는 화학자가 아닌 고고학자였습니다. 2014년, 보르자는 영국의 과학 수사 전문 화학자 미셸 칼린의 도움을 얻었습니다. 칼린은 런던 경찰청과 자주 공조하여 눈에 보이지 않는 불법 약물의 잔여물을 찾아내는 범죄 수사를 해 왔지요. 칼린의 기법은 액체 크로마토그래피와 질량 분석을 병행하는 것입니다. 이 두 가지 기술로 화학 물질의 종류와 농도를 알아냄으로써 물질의 화학적 구성을 분석하지요. 주머니 안감에 남아 있는 극미량의 코카인도 찾아낼 수 있는 이 방법으로 보르자와 칼린은 수천 년 전에 남은 독의 흔적 역시 찾아낼 수 있으리라 기대했어요.

독초 정원

첫 번째 단계는 유물에서 발견될 것으로 추정되는 독성 식물의 데이터베이스를 만들고, 각각의 비교용 샘플을 모으는 것이었습

200,000 년 전	80,000 ~60,000 년 전	44,000 ~42,000 년 전
보더 동굴에서 호미니드(사라진 인류의 조상)의 흔적이 나타남.	아프리카 대륙 남부에서 뼈로 만든 도구와 깎아 만든 구슬의 흔적이 나타남.	아프리카에서 후기 석기 시대가 시작됨. 수렵 채집 문화가 등장하고, 활과 화살이 돌로 만든 작살을 대체함. 도구와 무기가 좀 더 복잡해짐.

니다. 이를 위해 보르자와 칼린은 '해리 포터' 영화 시리즈에서 마법 학교 호그와트 촬영지로 쓰였던 애닉성 옆에 있는 독초 정원을 찾아갔습니다.

이 정원의 검은 철문에는, 해골 밑에 뼈를 교차시킨 죽음의 상징

40,000 년 전	**24,000** 년 전	**10,000** 년 전
보더 동굴에서 나무로 만든 뒤지개와 밀랍이 사용됨.	보더 동굴에서 아주까리 열매에서 유래한 독이 사용됨.	후기 석기 시대가 끝남. 다음 몇 세기에 걸쳐 아프리카에서 농업이 일어남.

과 함께 "여기 있는 식물들은 사람을 죽일 수 있습니다."라고 적힌 경고판이 걸려 있어요. 이 문을 지나 애닉성의 독초 정원으로 들어가게 됩니다. 정원 안에는 100가지가 넘는 독초가 있습니다. 그중 다수는 전혀 해로워 보이지 않을뿐더러 심지어 예쁘기까지 하지

요. 그리고 정원이나 공원에서 흔히 자라는 것들입니다. 디기탈리스는 색이 예뻐서 재배되지만 그 씨앗은 생명을 앗아 갈 수 있습니다. 월계수 가지를 잘랐을 때 나오는 가스는 사람을 기절시키기도 해요. 몇몇 식물은 너무 위험해서 특별 허가를 받은 정원에서만 기를 수 있습니다. 방문객들은 아무것도 만지거나 냄새를 맡지 말라는(또는 맛보지 말라는!) 경고를 받지요.

보르자와 칼린은 독초 정원에서 과거부터 활용되어 온, 치사 효과가 있는 식물 샘플을 모았습니다. 이제 역사적으로 중요한 무기들을 실험해 거기에서 독의 흔적을 찾아볼 차례였지요. 고대 무기들에 손상을 입히지 않고 안전하게 독의 자취를 찾아낼 수 있는 과학이 아주 최근에야 발전했기 때문에 그들은 운이 좋은 편이었습니다. 칼린은 깨끗한 물에 적신 솜을 부드럽게 사용하면 무기에 아무런 피해를 주지 않고 독의 흔적을 벗겨 낼 수 있다고 박물관 관계자들을 설득했습니다.

두 사람은 대략 100년은 된 유물부터 실험하기 시작했어요. 중국식 항아리 안쪽에서는 투구꽃에서 나온 독이 발견되었고, 말레이시아식 작은 화살에서는 우파스 독이 나왔습니다. 아프리카식 화살에서는 쿠라레의 흔적이 나왔지요.

이 방법이 그보다 훨씬 오래된 유물에서도 통할까요? 이번에는 캘리포니아인류학박물관이 소장하고 있는 6,000년 된 이집트식 화살에 시도해 보았습니다.

독일까, 약일까?

역사적으로 목숨을 빼앗는 데에 쓰인 식물 대다수가, 아주 적은 양일 경우 치료하는 데에도 쓰입니다.

- 벨라도나: 열매는 반짝거리는 포도처럼 보이지만 열매를 먹으면 목숨을 잃게 됩니다. 이 독의 이름은 이탈리아어로 "아름다운 여인"을 의미해요. 아주 오래전 베네치아 여자들이 동공을 확장해 예쁘게 보이기 위해 실명 위험을 감수하고 이 열매의 즙을 사용했던 데에서 유래한 이름이지요.

- 투구꽃: 작은 모자를 닮은 짙푸른 색 꽃이 특이해서 정원에서 인기가 많지요. 고대 그리스인들이 알고 있던 것처럼 이 꽃은 모든 부분이 치명적입니다. 적은 양만 쓰면 열을 내릴 수 있지만, 많이 사용할 경우 체온이 떨어지고 맥박이 늦추어져 결국 죽음에 이릅니다.

- 아주까리: 아주까리 씨앗은 설사를 멎게 하는 완하제로 유용하지만, 씨앗의 겉껍질은 치명적인 리신 가루를 만들어 냅니다.

벨라도나   투구꽃   아주까리

"독은 오래된 의학의 기초입니다. 예를 들어 쿠라레라는 식물은 남아메리카 부족들이 독으로 활용했지요. 하지만 심장 질환을 낫게 하는 약으로도 쓰였습니다. 모두 얼마나 복용하느냐에 달려 있습니다."

— 발렌티나 보르자

앞서 40년 전에 다른 연구자들이 이 돌 화살촉에 남아 있는 검은색 잔여물로 실험해 본 적이 있습니다. 당시에 쓴 방법은 그 신기한 물질을 고양이의 몸에 주입하는 것이었어요. 고양이는 죽지는 않았지만 그 이후 제대로 걷지 못했는데 이는 독이 존재했음을 암시합니다. 보르자는 이 고양이 실험이 당시 기준으로는 일반적이었다고 지적합니다. "지난 세기가 시작될 무렵, 과학자들은 실험 물질을 심지어 자기 몸에 시험해 보고 그 느낌을 기록하려 했어요."

또다시, 성공. 화살로 시도해 본 첫 실험에서, 데이터베이스에 있던 독성 식물 가운데 아프리카 북부에서 유래한 아코칸테라의

이름에는 무슨 뜻이?

우연하게도 보르자는 역사상 가장 악명 높은 독살범인 루크레치아 보르자와 성이 똑같아요. 보르자는 이런 이유 때문에 이 주제에 관심을 갖게 된 것은 아니라고 주장합니다!

흔적을 찾아냈습니다.

보르자는 이제 우리에게 훨씬 더 이전 시대로 가 볼 방법이 생겼다고 생각합니다. 선사 시대 사람들이 사용했던 독이 무엇인지 알아내면 우리는 그들의 기발한 능력과 환경에 대한 지식, 그리고 중요하게는 그들이 사용했던 아주 이른 시기의 의술을 추적할 수 있지요. 선사 시대의 독을 탐구하는 또 다른 방법은 그들이 무기에 남겨 놓은 녹말 성분을 찾는 거예요. 각각의 식물종에는 절대 숨길 수 없는 크기, 형태, 구조를 띤 녹말 입자가 있습니다. 보르자는 다른 고고학자들을 향해 보더 동굴에서 나온 것과 같은 고대의 무기를 발견한다면 자기에게 연락해 달라고 호소했어요. 흙을 털어 내거나 물로 씻어 내지 말 것도요!

우리가 안다고 생각했던 것
＋
새롭게 알게 된 것

기술의 진보는 일직선으로 이루어지지 않습니다. 지식은 새로이 얻었다가도 잃어버리고 재발견하게 되지요. 보다 동굴 유물의 연대를 측정하면서 우리는 상상했던 것보다 최소 20,000년이나 앞선 시기에 인류가 무기를 만드는 독창적인 기술을 사용하기 시작했다는 것을 알게 되었어요.

조상들이 훨씬 더 일찍 도입한 또 하나의 기술은 바로 자연에서 찾은 독을 사냥에 활용하는 것입니다. 이를 통해 고대 인류는 좀 더 효과적으로 사냥을 했고 그 덕에 생존 가능성도 높이고 문화를 발전시킬 기회도 더 많이 얻게 되었지요. 우리는 이제 고대 조상들과, 산족과 같이 오늘날 여전히 살아 있는 수렵 채집인들 사이의 끊어진 계보를 볼 수 있습니다. 방사성 탄소 연대 측정법의 눈부신 발전과, 보이지 않는 물질이 남긴 아주 작은 흔적을 찾아내 고대 유물을 안전하게 실험할 수 있는 새로운 능력 덕분이지요.

3장

정글 아래에서

캄보디아의 잃어버린 도시

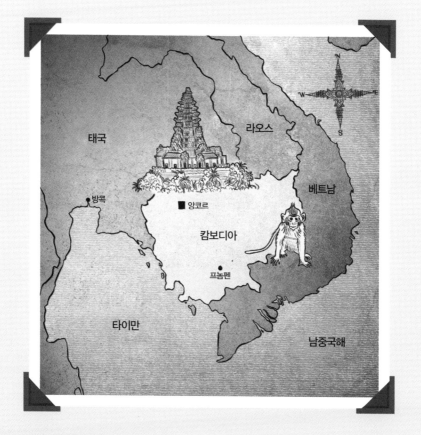

캄보디아, 1296년

    바다와 정글을 넘나드는 정말 긴 여정이었습니다. 중국의 황제는 한 젊은이에게 외교 임무를 맡겨 먼 나라로 보냈지요. 그의 이름은 주달관. 그는 선원들이 "부유하고 웅장한 캄보디아"라고 부르는 곳을 간절히 보고 싶었습니다. 25일이 넘는 여행 끝에 주달관은 그곳의 수도 앙코르에 다다랐지요.

    웅장한 도시의 성벽은 정사각형에, 모서리마다 탑이 서 있었습니다. 다섯 개의 관문은 각기 석조 코끼리 한 쌍이 지키고 있었지요. 커다란 해자가 성벽을 둘러싸고 있었는데, 해자를 건너는 다리마다 신상이 줄지어 서 있었어요. 주달관은 황제에게 글로 전하기를 "신상들은 마치 돌로 된 장군처럼 보이며 거대하고 험악하게 생겼습니다."라고 했습니다. 도시 한가운데에는 황금 탑이 서 있었습니다. 주달관은 사방에서 금으로 된 불상과 사자를 보았어요.

그는 이 부유하고 번화한 도시에 감명받았습니다. 불교 승려들은 노란 가사를 입고 삭발을 했지요. 나머지 사람들은 상투를 틀고 커다란 천으로 몸을 감쌌습니다.

주달관은 왕이 행차를 나왔던 날 아주 잠깐 왕을 보았습니다. 일 년에 몇 번, 아주 가끔 있는 일이었지요. 거대한 행렬이 이어졌습니다. 꽃무늬 가운을 입은 궁녀 수백 명이 병사와 악대의 뒤를 따랐습니다. 왕실 귀족들과 신하들은 코끼리를 타고 있었어요. 왕비와 후궁, 그들의 하인들은 양 끝에서 사람이 드는 가마를 타고 있었고요. 마침내 왕이 모습을 드러냈습니다. 왕은 코끼리를 높게 타고는 통치를 상징하는 황금 검을 들고 있었어요. 이곳은 야만인들의 땅일지 모르지만 모든 이가 최고의 통치자가 있다는 것을 알고 있는 곳이라고, 주달관은 생각했습니다.

폐허가 된 영광

일 년 뒤, 주달관은 중국으로 돌아가 자기가 본 모든 것을 써내려 갔습니다. 16세기에 포르투갈 여행가가 한때는 정말 아름다웠던 사원들의 폐허 위로 거대한 나무뿌리가 제멋대로 퍼져 나가는, 정글 속에 버려진 도시에 대해 묘사하기 전까지 그런 목격담은 더 나오지 않았지요.

웅장했던 크메르 왕국에 대체 무슨 일이 일어나 전부 파괴된 걸까요? 어느 시점에 크메르의 통치자와 사람들은 그들의 환상적인 도시를 버리고 떠났을 겁니다. 무슨 이유였을까요? 기근이나 자연재해가 일어났던 걸까요? 앙코르의 유적들은 먼 과거의 재앙을 말 없이 목격했을 뿐 어떠한 설명도 해 주지 않았습니다.

빽빽한 정글의 나뭇잎을 뚫고 그 아래 무엇이 숨겨져 있는지 볼 수 있는 새로운 과학 도구 덕에 그 답의 돌파구를 찾게 되었습니다. 캄보디아 문명의 문화, 역사, 기술에 대해 완전히 새로운 시각이 나타날 거예요. 그리고 이런 질문이 떠오릅니다. 제국은 위대해서 몰락한 것일까?

1858년, 프랑스 탐험가 앙리 무오는 동남아시아로 여행을 떠났습니다. 무오는 정글에 있는 아름다운 사암 유적에 관한 이야기를 들은 적이 있었고, 그 폐허를 꼭 볼 수 있기를 바랐지요. 무오와 그의 가이드들은 정글 숲을 뚫고 굽이치는 강을 건너며 몇 시간 동안 힘들게 이동했습니다. 그리고 마침내 단으로 이어지는 커다란 계단이 있는, 탁 트인 평지에 도착했어요.

주달관이 목격했던 번화한 중심지는 이제 사라진 지 오래입니다. 그 대신 무오는 정글로 뒤덮인 어마어마한 폐허를 보면서 경탄했지요. 그는 앙코르 와트의 커다란 사원을 처음으로 보게 되었습니다. 수 세기에 걸쳐 불교 승려들은 사원이 나무에 잠식되어 완전히 파괴되지 않도록 지켜 왔어요. 이 고대 왕국의 흔적을 바라보며 무오는 "그리스나 로마가 남긴 그 무엇보다 더 웅장하다. 깊은 경외심으로, 무엇이 이 강인한 민족을 이토록 문명화되고 개화되게 했는지 거대한 작품의 창작자들에게 묻지 않을 수 없다."라고 썼습니다.

무오의 여행기가 출판되자 유럽의 담험가늘과 과학자들의 상상

사라진 제국

앙코르는 크메르 제국의 수도였어요. 크메르 제국은 서기 800년대 후반부터 1200년대까지 전성기를 누리며 동남아시아 지역 대부분을 영토로 차지했던 제국이지요.

앙코르에서 가장 유명한 건축물은 1100년대에 사암으로 지어진 앙코르 와트 사원 단지입니다. 앙코르 와트는 세계에서 가장 큰 종교 건축물이지요. 원래는 힌두 사원으로 세워졌지만 나중에 불교 사원으로 봉헌되었어요.

앙코르 와트는 종교 의식의 중심이었습니다. 크메르의 왕이 자신을 힌두의 신으로 칭하면서 이곳에서 불멸을 기원했지요. 사원 단지는 힌두교 신앙에 묘사된 것처럼 우주를 축소해 표현한 것이라고 해요.

무오의 스케치를 바탕으로, 폐허가 된 앙코르를 묘사한 그림.

력을 자극했습니다. 이들은 정글 속에서 잃어버린 이 낭만적인 사원을 보고 싶어 했습니다.

답을 찾아서

1860년대, 프랑스는 캄보디아에 식민지를 세웠습니다. 프랑스 고고학자들은 수십 년간 앙코르 지역을 연구했어요. 사암에 조각된 그림을 조사하고, 사원 단지의 기둥과 벽에 새겨진 문장을 천천히 해석해 나갔습니다. 대부분 산스크리트어로 쓰인 것이었어요. 고고학자들은 크메르의 왕들과, 그들의 종교와 의례를 위한 사원에 대해 실마리를 차츰 모아 갔습니다.

하지만 사원 예술과 문장은 왕실에 관한 것이라 왕이 알려지기를 바란 이야기만 담고 있지요. 고고학자들은 평범한 일상생활에 대해 알고 싶었어요. 여기에 살았던 수천 명의 사람은 누구였을까요? 어떤 모습이었을까요? 어디로 사라진 걸까요?

앙코르에서는 사원과 다리, 수로만 석재로 제작되었습니다. 사람들이 살았던 집은 흙과 나무, 짚으로 만들어졌던 터라 수 세기 전에 썩어서 사라져 버려 흔적이 거의 남아 있지 않았어요. 심지어 왕궁조차 목재로 세워졌습니다. 고고학자들은 자신들의 발밑, 바로 땅속에 어떤 증거가 남아 있을지 궁금했습니다. 오랫동안 숨겨져 온, 사라진 사람들과 문명의 흔적이 거기에 있을까요?

고고학자들은 그 지역을 걸어서 조사해 보았습니다. 고대 건축의 흔적이 남아 있을 만한 지역에서 손 높이에서 칼을 휘둘러 길을 만들며 나뭇잎을 헤쳐 나갔어요. 간신히 감지할 수 있는 변화라도 찾아내려고요. 1990년대에는 비행기에서 그 지역을 사진 촬영한 뒤 레이더 같은 원격 측정기로 지도를 만드는 시도도 해 보았습니다. 하지만 그 지역 대부분이 빽빽하게 우거진 정글로 뒤덮여 있어 레이더조차 뚫고 들어갈 수 없었어요.

하늘에서 과거를 내려다보다

2012년, 호주의 고고학자 데이미언 에번스는 또 다른 전략을 제안했습니다. 공중에서 내려다보자는 거예요. 나뭇잎 사이사이를 뚫고 들어가 보이지 않는 것을 가시화하는 새로운 방법으로요. 새로운 기술, 바로 라이다를 사용하자는 아이디어였습니다.

아주 빽빽한 정글에도 빛이 도달할 수 있는, 나뭇잎 사이의 자그마한 틈이 있기 마련입니다. 헬리콥터가 캄보디아 정글 위를 비행할 때, 항공 레이저 스캐너가 수백만 개의 레이저 펄스를 발사하면 대부분은 나무에 부딪혀 되돌아오지요. 하지만 그중 소수는 틈을 뚫고 들어가 지표면에 닿습니다. 그 측정값이 수집되면 알고리즘

앙코르 와트 전경.

을 적용해 초목을 걸러냅니다. 그 결과가 지표면만 보여 주는 앙코르 삼차원 모델이 되는 겁니다. 라이다로는 지상 탐사를 할 때보다 훨씬 더 넓은 지역을 훨씬 더 짧은 시간 안에 조사할 수 있습니다. 지하에 묻혀 있는 고대 유적은 지표면에 미미한 흔적을 남겨 놓기 때문에 라이다는 인공 구조물의 기하학적인 윤곽선을 추적할 수 있어요.

라이다는 앙코르의 불가사의한 과거를 조사하는 데 있어 판도를 바꿀 도구가 될 것입니다. 에번스는 레이저 스캐너가 "우리의 시야에서 초목을 전부 드러내고 없앨 것"이라고 말했어요.

"저처럼 공중 고고학자가 될 수 있는, 정말 신나는 시대예요. 공중에서 과거의 흔적을 찾는 것을 직업으로 하는 사람 말이에요."

— 데이미언 에번스

라이다

라이다(Lidar, light detection and ranging)는 공중에서 레이저 빛을 발사한 뒤 그 빛이 반사되어 수신기까지 돌아오는 데 걸리는 시간을 측정해서 대상 물체와의 거리를 파악하는 도구예요.

라이다로 조사할 때 항공 레이저 스캐너는 비행기 아래나 헬리콥터 활주부에 설치됩니다. 조사 지역 위를 비행하는 동안 항공 레이저 스캐너는 지표면에 레이저 빛을 발사해요. 레이저 펄스가 돌아오는 데 걸리는 시간으로 각각의 측정점 높이를 알 수 있습니다.

측정값을 받아 보정하고 나면, 컴퓨터로 장애물에 가려진 구조물까지 포함해 조사 지역의 삼차원 모델을 만들어 냅니다. 라이다는 지형도를 만드는 데 매우 유용하다는 것이 입증되었어요.

2012년 4월, 에번스는 연구 팀을 이끌고 앙코르 지역 상공을 비행했습니다. 비행 일정을 나뭇잎이 가장 적은, 건기가 끝날 무렵으로 맞췄어요. 에번스의 팀은 항공 레이저 스캐너 장치를 비행기 동체 아래에 설치하고, 헬리콥터 활주부에는 100만 화소 카메라를 달았습니다. 이륙 후에는 정확도를 극대화하기 위해 800~1,000미터 높이에 머무르며 조직적인 격자무늬 안을 비행했어요.

앙코르뿐 아니라 멀리 떨어진 산간의 대지를 지나 프놈 쿨렌(쿨렌산)으로 알려진 북쪽까지 날아갔습니다. 사원에 새겨진 문장에서, 앙코르보다 훨씬 더 오래된 '마헨드라파르바타'라는 "잃어버린" 도시가 그곳에 있다고 암시되어 있었거든요. 앙코르의 도시가 크메르 문명의 전성기를 상징한다면, 북쪽의 잃어버린 도시는 크메르 문명 초창기를 대표했습니다. 에번스는 그 도시가 어디쯤 있을지 추측해 보았지요.

컴퓨터가 측정점 자료를 다 처리할 때까지 조바심을 내며 두 달을 기다렸습니다. 드디어 노트북으로 결과를 확인하는 순간, 에번스는 깜짝 놀랐어요. 자료가 만들어 낸 모델은 굉장했습니다. 그 모델은 지형 규모의 큰 이미지를 센티미터 단위로 바꾸어, 모든 것을 믿을 수 없을 정도로 세세하게 보여 줬어요. 지표면의 기하학적인 형태들은 놀라울 만큼 선명하게 부각되었고, 그 누구도 그곳에 있으리라 기대하지 않았던 도시들이 시야에 나타났습니다.

공간 고고학, 새로운 개척자

도랑 속에서 땅을 파는 일이 잦은 고고학자들은 공중에서 더 넓은 시야로 볼 수 있기를 오랫동안 꿈꿔 왔습니다. 최근 몇 년 사이, 시야가 맑은 발굴장 위를 비행하면서 더 높은 시점에서 사진 촬영을 하는 데에는 드론이 유용하다는 것이 증명되었어요. 드론은 전통적인 지상 탐사로는 석 달이 걸릴 분량을 한 시간 안에 기록할 수 있는데 그 이미지들을 활용하면 구조물의 삼차원 모델을 만들 수 있거든요. 또 지구 궤도를 도는 인공위성은 인간의 눈에는 보이지 않는, 지표면에서 반사되어 나오는 전자기 에너지를 감지해 고고학 유적들을 보여 줄 수 있습니다. 인공위성은 이런 방식으로 땅속에 묻혀 있는 것까지 포함해 지표면 위의 작은 차이들을 포착해 낼 수 있어요. 이제 수천 킬로미터 떨어진 곳에서도 고고학적으로 특색 있는 위치를 정확히 찾아낼 수 있답니다.

불교 승려들이 비행을 시작하기 전 라이다 계기에 축성하고 있다.

도시의 건물 구역

목조 도시들은 사라졌지만, 인공위성을 활용한 원격 탐사로 그 도시들이 남아 있다는 단서를 찾아냈습니다. 고고학자들은 이제 한때 목조 가옥이 서 있었던 언덕과, 건기에 물을 저장하려고 파 놓은 연못을 볼 수 있었어요. 목조 가옥은 지대가 높은 곳에 있어서 우기에도 눅눅하지 않았을 거예요. 도로와 운하는 격자 형태로 놓여 있었지요. 사원 주변의 도시는 상상했던 것보다 훨씬 더 많은 인구가 밀집된, 조직적인 곳이었습니다.

가장 눈에 띄는 특징은 바로 에번스가 "도시의 건물 구역"이라 부르는 "이웃 사원"이었습니다. 에번스는 이렇게 말했어요. "당신은 자기도 모르게 바로 이 사원 건물들 위에 서 있을지도 몰라요." 공중에서 내려다보면 이 사원들의 말발굽 형태를 쉽게 발견할 수 있습니다. 가운데에는 해자로 둘러싸인 언덕이 있고 동쪽으로는 높은 길이 나 있지요. 원격 탐사로 앙코르에 있던 1,000개에 달하는 작은 사원들의 존재가 드러났는데 "각각의 사원은 수백 가구와 수천 명의 사람이 모인 공동체의 중심"이었습니다.

그리고 "잃어버린" 도시 마헨드라파르바타도 발견되었답니다! 고고학자의 꿈이 이루어졌어요. 중앙 왕궁이었음이 틀림없는 위치에서 시작해 운하, 도로, 저수지, 댐으로 이어진 복잡한 연결망과 농경지가 사방으로 퍼져 나갔습니다. 에번스는 "도시가 거기

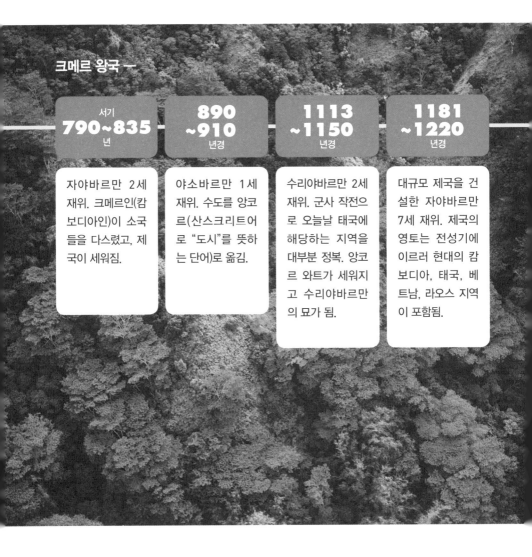

크메르 왕국 ∽

서기 790~835 년	890 ~910 년경	1113 ~1150 년경	1181 ~1220 년경
자야바르만 2세 재위. 크메르인(캄보디아인)이 소국들을 다스렸고, 제국이 세워짐.	야소바르만 1세 재위. 수도를 앙코르(산스크리트어로 "도시"를 뜻하는 단어)로 옮김.	수리야바르만 2세 재위. 군사 작전으로 오늘날 태국에 해당하는 지역을 대부분 정복. 앙코르 와트가 세워지고 수리야바르만의 묘가 됨.	대규모 제국을 건설한 자야바르만 7세 재위. 제국의 영토는 전성기에 이르러 현대의 캄보디아, 태국, 베트남, 라오스 지역이 포함됨.

어딘가에, 숲 아래에 있지 않을까 추측했다가 그 뒤에 그토록 선명하고 정확하게 드러나는 전체 구조물을 보게 된 것은 놀라운 경험이었다."라고 말했어요.

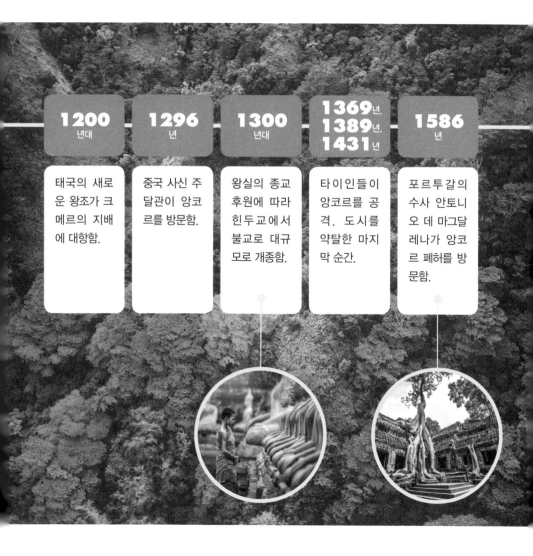

1200년대	**1296**년	**1300**년대	**1369**년, **1389**년, **1431**년	**1586**년
태국의 새로운 왕조가 크메르의 지배에 대항함.	중국 사신 주달관이 앙코르를 방문함.	왕실의 종교 후원에 따라 힌두교에서 불교로 대규모로 개종함.	타이인들이 앙코르를 공격. 도시를 약탈한 마지막 순간.	포르투갈의 수사 안토니오 데 마그달레나가 앙코르 폐허를 방문함.

　　이러한 발견은 초창기 앙코르 문명에 대한 우리의 인식을 바꾸었습니다. 초기 앙코르가 단순하고 정교하지 않은 사회였다는 생각은 완진히 잘못된 것이었지요. 마헨드라파르바타는 복잡하고

체계적인 도시였을 뿐 아니라 그곳 사람들은 이미 전문 기술자들이었으니까요! 건조한 지역으로 물을 우회시키고 건기 동안 지속적으로 물을 공급하기 위해 세운 거대한 구조물들의 흔적이 있었습니다.

에번스는 그곳에 훨씬 더 많은 유적이 남아 있지 않을까 생각했습니다. 이번에는 더 멀리 비행하면서 조사 지역을 확대하고 싶었어요.

보이는 곳에 숨어 있는 유적

앞선 성공에 힘입어 에번스는 2015년에 '캄보디아 고고학 라이다 계획'을 추진했습니다. 연구 팀은 더 좋은 감지 장치를 장착해 훨씬 더 멀리 비행할 예정이었어요. 2012년에는 370제곱킬로미터를 여기저기 부분적으로 조사했다면, 이번에는 라이다로 1,910제곱킬로미터를 훑을 거예요.

거기에 무언가 훨씬 더 많은 것이 있으리라던 에번스의 생각이 맞았습니다. 2015년의 비행 조사로 최소 40~50제곱킬로미터 이상되는 밀집되고 복잡한 도시가 앙코르 사원 외곽으로 퍼져 있었으며, 이 도시는 다른 도시들과 도로와 운하로 연결되어 있었음을 밝혀낸 것입니다.

지속 가능성, 과거에서 배운 교훈

땅 위에서나 공중에서나 고고학은 우리가 잃어버린 농업 지식을 재발견하도록 도와주고, 환경에 좀 더 지속 가능한 방식으로 다가갈 수 있게 해 줍니다.

페루와 볼리비아에서는 현대 영농법이 자주 실패했어요. 그런데 티티카카 호수 주변의 항공 사진과 고고학 발굴을 통해 기원전 1000년경의 농부들은 밭 사이를 흐르는 운하를 만들고 거기서 파낸 흙을 쌓아 올려 밭을 일구었다는 사실을 밝혀냈어요. 이는 뿌리 식물을 기르기에 탁월한 기술이지만, 잉카인들이 침입하면서 사라진 것으로 보입니다. 고고학자들이 고대의 밭 일부를 복원해 전통적인 도구로 뿌리 식물을 심어 보았더니, 수확량이 현대식 경작지에서 나오는 것보다 훨씬 더 많았고 가뭄과 서리, 홍수에도 강했습니다.

이스라엘의 네게브 사막에서도 비슷한 성공 사례가 나왔어요. 고고학자들은 2,000년 전 아주 건조한 사막에 살았던 농부들이 어떻게 폭우 때 얻은 물을 배수로와 물탱크로 보냈는지 재발견해 냈지요. 과학자들은 가뭄이 들어도 농작물을 생산할 수 있는 농장을 재건하는 데에 이런 고대의 지식을 활용할 수 있었답니다.

볼리비아 티티카카 호수에 있는 '태양의 섬'.

"이 유적은 10년 동안 거의 눈에 보이는 곳에 숨어 있었던 거예요. 우리는 그 위를 계속 터벅터벅 걸어 다녔는데도 그것을 제대로 보거나 발견해 낼 수 없었던 것뿐이지요." 에번스가 이렇게 설명했습니다. 오랫동안 눈에 띄지 않았던 도시들이 다시 눈에 보이게 되자 보이는 모든 곳이, 오래된 생각들이 뒤집히는 것 같았어요. 많은 전문가는 2012~2015년의 발견이 한때 수백만 명의 보금자리였던, 12세기에 지구상에 존재했던 위대한 제국에 대한 새로운 증거라고 환호했습니다.

미국 항공우주국(NASA)에서 제공한 앙코르 위성 사진.

정글에서 거대 도시로

라이다로 크메르 문명이 기존에 생각했던 것보다 더 발달했으며 더 이른 시기에 존재했음이 밝혀졌습니다. 크메르인들은 정글 풍경을 고대 세계에서는 보기 드문 규모로 개량했어요. 그러는 데에 일 년 내내 변함없이 물 공급을 할 수 있는 정교한 공학 지식이 필요했지요.

앙코르 문명의 주식은 쌀이었는데 쌀농사를 짓는 사람들은 강우량 변화에 크게 영향을 받기 마련이지요. 크메르의 기술자들은 독창적인 해법으로 북쪽 산악 지대에서 내려오는 물의 자연스러운 흐름을 활용해 그 물을 거대한 저수지에 모아 저장하는 장치를 만들어 냈습니다. 그중에는 가로가 8킬로미터, 세로가 2킬로미터나 되는 저수지도 있었어요! 저수지에서 나온 물은 운하를 통해 논으로 배수되었고, 폭우가 쏟아지면 그 역시 운하를 통해 멀리 퍼져 나갔어요. 이런 방식으로 우기에는 사원과 경작지를 홍수로부터 보호하고 건기에는 작물에 물을 댈 수 있었던 겁니다.

제국의 흥망성쇠

라이다 결과물을 보면 이런 독창성에도 어두운 면이 있습니다.

앙코르의 관개 조직 덕분에 농업이 너무나 번성해서 인구가 빠르게 증가했어요. 도시가 북쪽으로 팽창함에 따라 숲을 밀어낸 자리에 건물과 농장이 들어섰는데 이런 변화는 틀림없이 급수 시설에 홍수와 퇴적물로 인한 문제를 일으켰을 겁니다. 뛰어난 관개 조직에 이상이 생겼다는 것은 곧 식량 공급에 재앙이 닥쳤음을 의미했어요.

한때 역사학자들은 태국이 앙코르를 침략해서 약탈했던 1400년대에 그들이 앙코르의 왕과 인구 전체를 남쪽으로 몰아가 결국 앙코르의 통치를 끝냈고 앙코르는 암흑기에 접어든 것이라 생각했습니다. 만약 그것이 사실이라면 라이다 이미지에는 훨씬 더 남쪽에 세워진 더 새로운 도시들이 나왔을 텐데 아무것도 나타나지 않았어요. 에번스는 앙코르의 몰락이 복잡한 관개 조직과, 그 조직에 의존했던 도시 거주자들이 주변 환경의 질을 떨어뜨린 데에서 비롯되었다고 주장했습니다. 제국의 부흥과 확대를 보장해 주었던 공학 기술 솜씨가 그 몰락 또한 가져왔을 가능성이 큰 것이지요.

우리가 안다고 생각했던 것
+
새롭게 알게 된 것

사라진 앙코르 제국은 오랫동안 수수께끼였어요. 도무지 알 수 없는 빈칸들 때문에 대략의 윤곽만 파악할 수 있었지요. 새롭고 혁신적인 기술로 오래된 수수께끼를 겨냥함으로써 우리는 정답에 훨씬 더 가까워졌답니다. 장엄한 수도 앙코르보다 앞선 시기의 크메르 도시들은 단순하고 인구가 희박했으리라 여겨져 왔습니다. 그러나 라이다를 통해 그 도시들이 복잡하고 인구가 밀집된 정교한 곳이었으며 그 누가 생각했던 것보다도 훨씬 더 이른 시기에 존재했음이 밝혀졌습니다. 초창기부터 이 사회는 정글을 거대 도시로 바꾸고, 증가하는 인구를 먹여 살리고 보호하기 위해 복잡한 운하와 저수지 시설을 만들어 물을 활용하는 공학 기술에 통달했어요.

이는 앙코르가 태국인들의 침략으로 파괴된 것이 아니라, 거대한 규모로 자연을 개량했던 크메르인 자신들로 인해 쇠락했음을 강하게 시사합니다. 고고학자들이 풀어야 할 수수께끼는 남아 있지만, 라이다를 통해 공중에서 과거를 내려다봄으로써 이 고대 문명에 대한 우리의 지식은 크게 발전했습니다.

4장

북극에서 사라진 배

에러버스호와 테러호를 찾아서

영국,
1845년 5월 19일

군중들이 환호하며 템스강에 늘어서 있네요. 좀 더 자세히 보려고 서로 밀치면서 까치발로 서 있습니다. 어린이들은 인파 속에서 시야를 확보하려고 어른들 어깨 위에 올라탔어요. 흥분한 이들 모두 선체 위로 돛대를 높이 세운 왕실 해군 함정 두 척, HMS 에러버스호와 테러호가 작은 기선에 견인되어 위풍당당하게 나아가는 모습에 집중했어요. 이 두 함정은 북극 탐험 항해를 하러 강을 따라 대양으로 돌아나갈 겁니다. 지휘관인 존 프랭클린 경은 이미 유명한 북극 탐험가였는데 셀 수 없이 많은 모험을 하면서도 아직 이루지 못한 업적을 세울 이 마지막 기회를 꼭 잡으려 했지요. 바로 터무니없다고들 여기는 북서 항로를 찾아내는 것이었습니다. 그 장면을 보려고 강변에 늘어선 사람들에게 북극은 달만큼이나 멀었고 탐험은 달에 가는 것만큼 위험한 도전이었어요.

앞으로 몇 달 동안 아주 끔찍한 일이 벌어질지도 모릅니다. 이 자신감 넘치는 탐험대는 지구 꼭대기, 얼음이 떠다니는 어딘가에서 생존을 위해 고군분투하게 될지도 몰라요. 에러버스호와 테러호, 그리고 그 대원들의 운명은 풀지 못한 수수께끼로 남아 있습니다.

2008년 초, 현대의 고고학자들은 오래된 방식과 새로운 방식을 다 활용해서 그 수수께끼를 푸는 데 도전하기로 했어요. 그 과정에서 우리 시대의 중대한 위협인 기후 변화는 물론 북극이 지구의 미래에 어떠한 역할을 할지 이해하는 데 중요한 성과를 거두게 될 겁니다.

북서 항로를 찾아서

유럽인들이 북아메리카를 발견한 이래로 탐험가들은 줄곧 동양으로 항해할 때 대륙을 돌아가는 더 짧은 바닷길을 찾고 싶어 했습니다. 탐험가들은 북극의 섬들 사이 어딘가에 아시아로 향하는 대양 항로가 있으리라 생각했어요.

북서 항로를 찾으면 영국의 무역과 해군력에 엄청난 혜택이 될테지요. 1845년, 프랭클린은 선원 128명과 함께 영국을 떠나 항해를 시작했습니다. 프랭클린은 전에 북극에 두 번 가 보았는데 왕실 해군성에 북서 항로를 찾을 마지막 기회를 달라고 간청했어요. 몇몇 사람은 프랭클린이 59세나 되었으니 그렇게 힘든 여정을 떠나기에는 너무 늦었다고 생각했지요.

하지만 프랭클린은 자신이 강인한 해상 지휘관임을 쭉 증명해 왔습니다. 난파를 당했다가 살아 돌아왔고, 트라팔가르 해전에서 나폴레옹과 싸웠으며, 북극을 탐험하는 동안에는 아사할 뻔해서 "자기 부츠를 먹은 사나이"로 알려졌어요.

탐험가 존 프랭클린

이번에는 사상 최고로 잘 준비된 탐험대가 북극에 갔습니다. 여전히 아주 위험한 여정이기는 했지요. 물속에 숨어 있는 엄청나게 큰 빙산이 선체를 산산조각 낼 수도 있어요. 북극의 얼음과 날씨는 변화무쌍해서 선박 근처로 빠르게 다가오는 얼음에 갇힐 위험도 있었지요.

1845년 7월 26일, 프랭클린의 탐험선들은 북서 항로의 입구로 알려진 곳과 가까운 그린란드 인근에서 포경선 두 척에 목격되었습니다. 포경선 선장 가운데 한 명이 항해 일지에 프랭클린과 대화를 나누었다고 적어 놓았어요. 그 영국 남자와 대원들은 의기양양했고 모두 건강해 보였다고 했습니다.

이것이 에러버스호와 테러호가 흔적도 없이 사라지기 전에 목격된 마지막 모습이었습니다.

구조하러 가다

아무런 소식 없이 일 년이 지나자 프랭클린의 친구이자 동료 탐험가인 존 로스 경은 구조대를 이끌겠다고 자원했습니다. 그러나 해군성은 허가해 주지 않았어요. 걱정하기에는 아직 이르다고 생각했지요. 탐험대는 식량을 충분히 챙겼으니까요.

연락 두절인 채로 일 년이 더 지나자 해군성은 마침내 조치를 취하기로 했습니다. 프랭클린 탐험대를 찾는 것은 역사상 가장 큰 구조 임무였어요. 1850년 수색이 최고조에 이르렀을 때에는 배 열네 척이 동시에 그 지역을 샅샅이 뒤지는 동안 육상 조사관들이 썰매를 타고 움직이기도 했습니다. 해군 장교, 탐험가, 모피 상인, 포경업자가 참여했지요. 로스도 그중 한 명이었습니다. 바로 그해에 첫 번째 단서를 찾아냈어요.

수색대가 작고 황량한 섬들을 돌며 해안가를 살펴보던 그때, 한 선원이 서둘러 배로 돌아가 고래잡이의 달인인 윌리엄 페니 선장에게 달려갔습니다. "무덤들이 있어요, 페니 선장님. 무덤들요!" 하고 소리쳤어요.

페니 선장과 다른 장교들은 얼음을 가로질러 비치섬의 암초 해안을 기어 올라갔습니다. 나무로 표시해 둔 무덤 세 기가 황량한 눈밭의 유일한 랜드마크가 되어 영구 동토층 위에 나란히 있었습니다. 젊은 선원 세 명의 이름이 적혀 있었지요. 이곳은 분명 탐험

「존 프랭클린 경을 수색할 계획을 세우는 북극 위원회」, 1851년 작.

대가 24시간 내내 암흑으로 뒤덮였던 1845~1846년의 겨울을 보낸 장소일 겁니다. 겨울 동안 해빙에 갇히자 그들은 봄이 되어 날씨가 풀리기를 기다렸습니다. 하지만 그 세 사람이 어쩌다 세상을 떠나게 된 것인지 아무런 단서도 남아 있지 않았어요.

1854년, 탐험가 존 레이는 이누이트족 목격자들과 대화를 나누고는 은수저를 비롯해 장교들의 이니셜이 새겨진 접시 같은, 프랭클린 탐험대의 것이 틀림없는 물건들을 되찾아 왔습니다. 참혹한 이야기가 나오기 시작했지요. 바다표범을 사냥 중이던 이누이트족은, 킹윌리엄섬 서쪽 해안을 따라 밧줄로 연결한 보트와 썰매를 끌며 눈과 얼음을 가로질러 가는 남자 40여 명을 만난 적이 있었습니다. 그 남자들은 야위어 보였어요. 서로 말이 통하지 않아 몸짓으로만 겨우 의사소통을 할 수 있었는데, 그 결과 이누이트족은 그들의 배가 빙하에 부딪혔고 지금은 식량을 찾아다니는 중이라는 것을 알게 되었지요. 이누이트족은 그들에게 바다표범 고기를 조금 팔았습니다. 그해 봄, 얼마가 또 지나 바다표범 사냥꾼들이 이번에는 30여 명이 묻힌 무덤과 시체를 발견했어요.

레이가 가져온 소식이 영국에 전해지자 해군성은 수색 중단을 고려했습니다. 하지만 프랭클린의 아내는 포기하기를 거부했지요. 끝내 프랭클린의 흔적은 나오지 않았지만, 비록 남편이 살아남지 못했더라도 아내는 남편의 운명을 알고 싶었습니다. 무슨 일이 일어났던 것인지 밝혀낼 그 마지막 임무에 아내가 자금을 댔습니다. 1857년, 프랜시스 매클린톡 선장이 지휘하는 폭스호가 항해를 시작했습니다.

추적에 나선 폭스호

매클린톡은 얼음과 바위로 가득 찬 황량한 풍경의 킹윌리엄섬에서 탐험대의 운명이 담긴 첫 번째 서면 증거를 발견했습니다. 해군성의 절차에 따라 프랭클린의 탐험대원들은 인쇄된 양식에 자신들의 상황을 작성하여 금속 실린더에 넣은 뒤 돌무덤 밑에 남겨

초기 수색대가 찾아낸 프랭클린 탐험대의 물건들.

두었지요. 그 손으로 적은 메모에 따르면 탐험대는 비치섬에서 겨
울을 보낸 것이 분명합니다. "존 프랭클린 경이 탐험대를 지휘. 모
두 건강." 1847년 5월 8일이라는 날짜와 함께 장교 두 명의 서명이
남아 있었어요.

그런데 거의 일 년이 지난 뒤에 누군가 그 금속 용기를 열었습
니다. 이번에는 종이 여백에 옆으로 급하게 써 내려간 것처럼 보였
어요.

1848년 4월 25일 — 군함 테러호와 에러버스호는 4월 22일에 버
려졌고, 1846년 9월 12일 이래로 여기 북북서 5리그(약 4,000미터)
지점에 갇혀 있다. 존 프랭클린 경은 1847년 6월 11일에 사망했고,
현재까지 사망자는 장교 아홉 명과 대원 열다섯 명이다.

프랜시스 매클린톡 선장

그 날짜들과 돌무덤의 위치에는 실수가 있었습니다. 정신적인 긴장과 혼란의 조짐이었을까요? 위쪽 구석에는 거꾸로 다급하게 쓴 필체가 남아 있었습니다. "그리고 내일 26일에 백강에서 시작."

그렇다면 그 선원은 빙하에 갇힌 배를 버렸고, 여름 동안 빙하는 녹지 않았으며, 그 뒤로 두 번의 여름을 생존해 낸 뒤 북극 남쪽으로, 아마도 가장 가까운 북아메리카의 교역소까지 걸어서 빠져나가겠다는 절박한 계획을 세웠던 것으로 보입니다. 하지만 양모 코트에, 뜨개질한 장갑을 낀 탐험가들의 옷차림은 그런 여정에 적합하지 않았지요.

매클린톡은 이누이트족 목격자들에게 섬 남쪽에 얼음에 산산조각이 난 배 한 척이 있더라는 이야기를 들었습니다. 또 다른 이누이트족은 나중에 말하기를, 훨씬 더 남쪽에서 연기 나는 배 한 척을 봤다고 했어요. 하지만 그 단서들의 흔적은 돌무덤에 남아 있던 쪽지에서 끝난 것 같았습니다.

대규모 구조 활동은 그렇게 끝이 났습니다. 프랭클린을 찾으려는 시도는 실패했지만, 북극의 지도를 제작하는 데에는 진전이 있었어요. 그리고 한 가지 놀라운 업적을 세웠습니다. 프랭클린을 찾아 배와 도보로 수색하는 동안 로버트 매클루어 선장과 그의 선원들이 최초로 북서 항로를 통과하게 되었어요.

하지만 에러버스호와 테러호는 흔적도 없이 사라졌습니다. 프랭클린과 그의 대원들과 배에 정확히 무슨 일이 있었는지는 그 후 170년 동안 수수께끼로 남아 있었습니다.

끝없는 매혹, 새로운 수색

2014년, 캐나다의 쇄빙선 윌프리드로리어경호에 올라탄 빌 눈 선장은 자신이 평범한 선장이 아님을 깨달았습니다. 눈 선장은 온라인 선장 일지에 "나는 프랭클린에 열광하는 사람"이라고 인정했습니다. 그는 수많은 역사학자와 고고학자가 그 불운한 항해에서 무슨 일이 일어났던 것인지 알아보고 그 사정을 전부 밝혀내고 싶은 강한 열망에 사로잡혀 있다고 언급했어요. 아마도 그 이야기가 사람들의 상상력을 자극하기 때문에 계속해서 흥미를 끄는 것이겠지요. 그 이야기는 인간의 용기와 무모함을 상기시키고, 무시무시한 북극을 존중하고 이해해야 할 필요성을 분명하게 합니다.

눈 선장은 프랭클린 수수께끼를 풀기 위한 새로운 임무에 참여했습니다. 여러 그룹이 협업했는데, 그 배에 올라탄 과학자들 중에는 해양 고고학자, 지상 고고학자, 수계 지리학자, 기상 전문가가 있었습니다. 2008년에 개시된 그 선단은 자율 무인 잠수정, 잠수부 팀, 쇄빙선 한 척, 민첩한 조사가 가능한 더 작은 배로 구성되었어요.

이 탐험대는 이전의 구조대들이 꿈도 꾸지 못했던 기술로 무장했습니다. 프랭클린의 대원들은 손으로 그린 지도와 신뢰할 수 없는 나침반으로 항로를 찾았고, 주위의 땅과 얼음에 대해 무지했지요. 이번에는 배의 돛대에 통신 장치가 달려 있어서 선원들이 바깥세상과 계속해서 연락할 수 있습니다. 어떠한 위험이 감지되든 지피에스(GPS, 위성 항법 시스템)로 그 배의 위치를 정확히 찾아낼 수 있지요. 우주에서 온 인공위성 이미지를 컴퓨터로 볼 수 있어서 유빙도 추적할 수 있습니다. 소나(sonar, 수중 음향 탐지기)는 선체를 훼손할지 모르는 장애물을 피할 수 있도록 할 테고요.

북극해는 "세계의 에어컨"

지구로 들어오는 태양 복사열의 약 30퍼센트는 대기, 구름, 지표면, 얼음층에 반사되어 우주로 되돌아갑니다. 특히 얼음층은 땅이나 물보다 더 많은 빛을 반사하지요. 하지만 기후 변화로 북극 기온이 높아지면 얼음이 더 많이 녹게 되지요. 얼음층이 줄어들면 태양 복사열은 덜 반사되고 더 많이 흡수되어 버려요. 이것이 지구의 온도를 높이고, 결국 얼음이 더 많이 녹게 됩니다.

수색 임무를 위해 케임브리지만에 있는 윌프리드로리어경호.

기술 발전으로 이번 탐험대는 프랭클린의 시대보다는 덜 위태로웠지만, 여전히 똑같은 위험 요소 두 가지를 마주해야 했습니다. 변화무쌍한 북극 환경과 해도에 없는 바다가 그것이지요.

이누이트족의 기억

이번 탐색의 첫 번째 임무는 해저 지도를 만드는 것이었습니다. 선원들은 북극해에 관해서라면 여전히 1800년대에 나온 해도에

1534년	**1576**년	**1610**년	**1818 ~1833**년	**1819 ~1827**년
프랑스 탐험가 자크 카르티에가 아시아 항로를 찾던 중 뉴펀들랜드를 발견하고 세인트 로렌스만을 항해함.	영국 항해사 마틴 프로비셔가 항로를 찾아 북극을 탐험하다 배핀섬에 도달함.	영국 탐험가 헨리 허드슨이 허드슨만을 발견했으나, 그의 선원들이 반란을 일으켜 허드슨을 표류시킴.	영국 탐험가 존 로스, 윌리엄 페리, 로스의 조카인 제임스 로스로 구성된 탐험대가 탐색을 좀 더 진행함. 제임스 로스가 자북극 위치를 발견함.	존 프랭클린이 육로와 해로로 북극을 탐험하고 해안선 지도를 제작함.

의존하고 있었어요! 소나로 바다 밑바닥을 스캔해 아주 상세한 삼차원 해저면 이미지를 만들었습니다. 이 이미지들은 난파선을 찾

1845년	**1847 ~1852**년	**1850 ~1854**년	**1903 ~1906**년	**1944**년
존 프랭클린이 북서 항로를 찾아내기 위해 에러버스호와 테러호를 지휘함.	프랭클린과 그의 선원들을 찾기 위한 구조 작전이 시작됨.	로버트 매클루어가 프랭클린을 찾아 수색하던 중, 비록 육로 일부에 지나지 않았고 다른 배에 구조되는 과정이긴 했으나 북서 항로를 최초로 여행함.	노르웨이 탐험가 로알 아문센이 북극에서 세 번의 겨울을 보내며 최초로 북서 항로를 항해함.	캐나다 기마 경찰대원 헨리 A. 라슨이 스쿠너(돛대를 두 개 이상 갖춘 범선—옮긴이) 세인트로시호를 타고 최초로 한 계절 안에 북서 항로를 항해함.

는 데 결정적입니다. 또한 그 이미지들로 배들이 그 지역을 더 안전하게 다니는 데에 필요한 항해도도 만들 수 있지요.

이번 수색 작업에서는 현대의 기술과, 그보다 훨씬 더 오래된 이누이트족의 구술 전통을 결합했어요. 프랭클린 시대의 이누이트족 목격자들은 자기가 본 것을 아이들에게 경험담으로 들려주었는데 수색대원들은 세대를 거치며 전해 내려온 그 이야기 속에 담긴 단서들이 믿을 만하다고 판단했습니다. 이누이트족 이야기꾼들은 세부 내용을 정성 들여 외우고 되풀이했습니다. 빙하나 사냥에 관한 중요한 정보가 입에서 입으로 전해졌기 때문에 그 정확도에 부족의 생사가 달려 있었지요. 수색대는 선원들에 관한 이야기가 그대로 정확하게 기억되어 왔기를 바랐습니다.

철에 새겨진 단서

선단은 매년 여름이면 해역이 얼음으로 막히기 전 수색을 할 수 있는 짧은 기간에 북극으로 갔습니다. 2014년 8월, 수색은 두 구역

세계의 난파선 수

유네스코에 따르면, 전 세계 해저에는 난파선 300만 척이 남아 있다고 추산됩니다. 그중 일부는 수천 년이나 되었지요.

으로 나뉘어 진행되었어요. 한 군데는 테러호와 에러버스호의 마지막 좌표에 가까운 빅토리아 해협의 북쪽이었고, 다른 한 군데는 그보다 더 먼 남쪽이었습니다. 과학자들은 '북극 탐험가'라고 불리는 군사 장비가 북쪽 구역에서 가장 희망적인 기술이 될 것이라 기대하며 흥분했습니다. 수중 기뢰를 찾기 위해 제작된 이 밝은 노란색 실린더는 프로그램된 어뢰처럼 작동했어요. 물속에 들어가 유영하며 소나를 사용해 한 시간 동안 해저면 2.5제곱킬로미터를 스캔하지요. 이 장비가 돌아오면 과학자들은 이미지를 회수하여 컴퓨터 모니터를 통해 믿을 수 없을 정도로 자세한 해저 모습을 살펴볼 수 있었어요.

하지만 '북극 탐험가'는 부서지기 쉽고 얼음으로 인한 손상에 취약했습니다. 수색 팀은 조심스럽게 지켜보며 얼음 사이에 공간이 나기를 기다렸어요. 때를 맞춰 다시 '북극 탐험가'를 내려보냈지만, 한 시간 안에 얼음으로 덮이고 말아 정신없이 장비를 회수했지요. 모든 것이 변화무쌍하고 맹렬한 북극 기후에 달려 있었습니다. 프랭클린을 난파로 몰고 갔던 바로 그 얼음이 이번에는 현대의 수색을 중단시키고 말았습니다.

수색 팀은 얼음이 녹아 있는 남쪽 구역으로 이동했습니다. '북극 탐험가'는 그곳의 얕은 해역에서는 쓸모가 없었지요. 그 대신 선체에 소나가 장착된 작은 보트들이 쇄빙선의 컴퓨터로 실시간 데이터를 보내 주었습니다. 소나 파동이 해저 면을 스캔할 때, 수

중 고고학자들은 교대로 컴퓨터 화면의 스크롤을 내리며 평평한 해저의 흐릿한 이미지들을 살펴봤습니다. 여전히 아무것도 건지지 못했어요. 점점 더 불안해졌습니다. 9월 무렵이면 얼음으로 바다가 다시 닫힐 테니까요.

그사이 지상 고고학자들은 해안에서 작업을 시작했습니다. 헬리콥터 조종사인 앤드루 스털링이 고고학자와 과학자 들을 싣고 퀸모드만에 있는 작은 섬 중 하나로 날아갔지요. 스털링은 평소처

빙하 코어에 담긴 단서

기상 과학자들은 북극 빙하 깊은 곳에서 나온, 실린더 형태의 긴 샘플을 회수하여 과거의 기상 상태를 연구합니다. 나무의 나이테처럼 빙하 코어에도 과거 날씨에 대한 기록이 있기 때문입니다. 이 증거에 따르면 프랭클린 탐험대는 700년 중 최악이었던, 연속적인 혹한기에 탐사에 나섰습니다!

빙하 코어용 드릴을 준비하고 있는 모습.

럼 북극곰들이 있는지 망을 보면서 주변을 거닐었어요. 해안선을 따라 걷던 중에 회색빛 바위 사이에서 녹슨 조각 하나가 그의 눈길을 사로잡았습니다. 스털링은 좀 더 자세히 살펴보기 위해 무릎을 꿇었어요. 그것은 스털링의 팔뚝 길이 정도 되는 기다란 유(U)자형 철 조각이었습니다. 철에는 굵은 화살촉이 새겨져 있었는데, 바로 영국 해군의 소유물이란 뜻이었지요!

해양 고고학자는 그 철 조각을 프랭클린 탐험선의 도면들과 대조해 보았습니다. 곧 서로 일치한다는 것을 알아냈어요. 물 밖으로 보트를 들어 올리거나 내릴 때 쓰이던 장치의 일부였던 것입니다. 이것은 그들이 찾아낸 첫 번째 확실한 증거이자 돌무덤 밑에 남아 있던 쪽지 이후에 건진 가장 중요한 단서였어요. 그 조각은 너무 무거워서 배가 난파된 지점에서 멀리 갈 수 없었을 겁니다. 돌무덤에 남아 있던 좌표보다 더 남쪽에 배가 있었다던 이누이트족 이야기와도 잘 들어맞았는데 어쩌면 배에 타고 있던 사람의 흔적이 함께 있을지도 모르는 일이었습니다.

심해를 측정하다

9월 2일, 수중 고고학 팀이 측면을 스캔하는 소나(수중 음향 탐지기)를 가지고 섬 주변 해역을 탐사하러 나섰습니다. 라이언 해리스는 평평한 해저 면 이미지들이 화면에 주르륵 지나가는 동안 배 위에서 모니터를 지켜봤어요. 그러던 중 흐릿한 배경 속에서 갑자기 새로운 형태가 시야에 또렷이 들어왔습니다.

전체 이미지가 다 나타나기도 전에 해리스는 손가락으로 화면을 찌르며 소리쳤어요. "바로 이거야!" 그 타원형의 세세한 부분을 보아하니 배가 확실했습니다. 얼음 때문에 발견 가능성이 더 큰 북쪽 수색 구역을 떠날 수밖에 없었는데 바로 그 얼음이 그들을 정확한 지점으로 곧장 인도한 셈이었지요.

흥분한 대원이 물체를 좀 더 가까이에서 살펴보고 촬영하기 위해 무인 잠수정을 내려보냈습니다. 조류가 거칠었고, 비록 해초로 뒤덮여 있기는 했지만, 그 난파선이 온전한 상태로 보존되어 있다는 것은 맨 처음 캡처된 이미지에서도 분명해 보였습니다. 난파선의 외관과 영국 해군이 썼던 놋쇠 대포의 존재에 모두 이것이 바로 프랭클린의 사라진 탐험선 중 하나라고 확신했습니다.

해리스와 또 다른 수중 고고학자 조너선 무어는 전신 잠수복을 입고는 물속에 들어가 난파선을 직접 눈으로 확인했습니다. 물빛이 탁한 심해에 들어가 해저 면에 흩어져 있는 목재의 방향을 따라가던 해리스는 점점 더 흥분했습니다. 나중에 이렇게 묘사했지요. "그러다 쾅, 희부연 물속에서 솟아 나온 것이 바로 이 위풍당당한 난파선이었어요."

지표면에서 약 11미터 아래 떨어진 지점에서 바로 그의 눈앞에

"화면 절반에도 못 미치는 이미지에 난파선이 완전히 모습을 드러냈을 때 얼마나 믿기 어려웠는지 여러분은 상상도 못 할 거예요."

— 라이언 해리스

난파선이 나타났습니다. 돛대는 조류에 떠내려갔지만, 선체는 선미에서 커다란 조각이 떨어져 나간 것으로 보인다는 점만 제외하면 온전한 상태였습니다. 갑판에 난 구멍들 덕분에 내부를 살짝 엿볼 수 있었지요. 해리스는 과거에, 그리고 한때 이 갑판에 서 있었거나 선실에서 잠을 잤을 선원들과 직접 연결된 것 같다고 느꼈어요.

소나

소나(sonar, 수중 음향 탐지기)는 음파를 사용해 물속에 있는 물체를 탐지합니다. 빙산을 탐지하려고 경비정에서 최초로 사용했지요. 1차 대전 중에 잠수함전이 부상하면서 소나는 필수적인 방어 수단이 되었고 급속도로 발전했습니다.

소나 장치가 음파를 발사하면 음파는 진행 방향에 놓인 물체에 부딪혀 반향됩니다. 음파가 되돌아오는 데 걸리는 시간을 측정하여 그 물체의 거리와 이동 방향을 알아낼 수 있어요. 소나는 북극에서 해도를 제작하거나 빙산의 두께를 측정하는 데에, 또 어류의 위치를 파악하거나 난파선을 수색하는 데 사용되지요.

「빙하 속의 에러버스호」, 1846년 작.

　무어가 또 다른 물체를 살펴보기 위해 해리스를 불렀습니다. 배에서 나온 종이 해초가 흔들리는 곳 근처에 놓여 있었어요. 종의 옆면에 숫자 "1845"가 양각되어 있었는데 이는 프랭클린이 탐험을 떠났던 해를 나타내는 것이었습니다.

　무어와 해리스는 무엇도 훼손하지 않으려 주의를 기울였어요. 유물들은 바닷물 속에 너무 오래 있었기 때문에 부서지기 쉬웠거든요. 우선은 수색 중인 모든 선원에게 특히나 상징적인 유물인 그 종만 가지고 올라왔습니다. 종은 "배의 심장부"니까요.

압인이 된 철제 부품과 종은 확실하게 식별되지요. 소나 데이터에서 나온 난파선의 정확한 수치를 탐험선들의 원안과 비교해 보았습니다. 그 숫자들은 프랭클린이 몸소 지휘했던 기함인 에러버스호와 완벽하게 일치했어요. 그러니까 에러버스호는 마지막으로 알려진 위치로부터 남쪽으로 160킬로미터 떨어진 곳, 작은 섬들의 경계 안쪽 안전한 지역에 가라앉아 있었던 겁니다. 에러버스호는 어떻게 거기까지 가게 된 걸까요? 얼음에 표류하다 결국 거기로 밀려간 걸까요? 그런데 어떻게 복잡한 섬들 사이를 떠돌다 만 내부에 자리 잡을 수 있었을까요? 우연히 그랬을 가능성은 아주 낮습니다. 그렇다면 이는 선원 중 누군가가 배를 재조종해 거기까지 항해해 갔다는 뜻일까요?

그리고 테러호는 어디에 있었을까요?

"얼음에 산산조각이 난" 배

2016년, 수색대원들은 북극해로 다시 왔습니다. 대부분 전문가들은 테러호를 발견할 수 있을 거라고 크게 기대하지 않았어요. 그 배는 빙산에 산산조각이 난 채로, 난파선 두 척이 버려진 지점에서 가까운 심해에 가라앉았을 거로 생각했으니까요.

또다시 고고학자도, 과학자도 아닌 이에게서 결정적인 단서가 나왔습니다. 새로운 이누이트족 선원 새미 코그빅은 흥미진진한 이야기를 들려주었어요. 몇 년 전 코그빅은 친구와 함께 (난파선의 이름을 딴) 테러만에서 스노모빌을 타고 최북단의 빙하를 건너고 있었습니다. 코그빅이 얼음 사이에서 눈에 띄는 긴 물체를 발견했고, 두 사람은 그 물체를 살펴보려고 멈춰 섰어요. 그것은 굵은 나무 기둥이었습니다. 코그빅은 이것을 보고 배의 돛대를 떠올렸지요.

나머지 대원들은 이 이야기가 경로를 우회해도 될 만큼 흥미롭다고 생각했습니다. 그들은 9월 3일 아침 일찍 테러만의 해도에 없는 수역에 도착해 소나로 해저를 스캔하면서 천천히 수색을 시작했어요. 코그빅은 기억을 되살려 보려고 노력했지만, 얼음과 눈으로 덮이지 않은 상태에서는 모든 것이 달라 보였습니다.

몇 시간 뒤, 그들은 위치를 옮기기로 했습니다. 배의 속도를 올려 테러만을 벗어나 더 깊은 해역으로 이동했어요. 예상에 없던 커다란 물체가 소나 화면에 나타났습니다. 물고기 떼나 바위 같지는 않았어요. 속도를 줄인 그들은 좀 더 제대로 살펴보기 위해 경로를 바꿔 같은 구역을 다시 지나갔습니다. 돛대 세 개가 달린 배의 모습이 담긴 디지털 이미지가 스쳐 갔을 때, 대원들은 화면 주위에 모여 경외의 눈빛으로 지켜보고 있었지요.

수중 카메라와 무인 잠수정 한 대를 차례로 내려보내 좀 더 자세히 살펴보았습니다. 그 난파선은 "해저 바닥에 기울지 않은 채

수평으로 서 있었는데, 이는 그 배가 바닥에 부드럽게 착지했다는 것을 의미"한다고 팀의 리더인 에이드리언 스킴노우스키가 나중에 설명해 주었어요. 그 배는 완벽하게 보존된 상태로 수심 24미터 아래에 놓여 있었지요. 에러버스호보다 더 양호한 상태예요! 전체가 해양 생물로 뒤덮여 있었습니다. 하지만 선체를 선명하게 볼 수 있었고, 6미터짜리 보 스프릿(돛을 다는 데에 쓰이는 장대 ─ 옮긴이)도 여전히 온전한 상태였어요. 해치가 닫혀 있어 모든 것이 가지런히 보관되어 있었습니다.

스킴노우스키가 설명했습니다. "이 배는 겨울 동안 얼음에 갇혀 꼼짝하지 못하다 가라앉았습니다. 심지어 창문도 그대로 남아 있었지요. 만약 이 배를 물 밖으로 끌어 올려 물을 퍼낸다면, 어쩌면 물에 뜰지도 몰라요."

테러호를 들어 올려라?

해저에서 테러호를 있는 그대로 들어 올리는 것은 아무래도 불가능할 것 같습니다. 과거에는 난파선을 들어 올려 복원했었지요. 전투 중에 가라앉았던 영국 헨리 8세의 기함인 메리로즈호처럼요. 하지만 오늘날 유네스코의 수중문화유산협의회는 역사적 맥락과 과학적 연구의 가능성을 보존하기 위해 난파선을 발견된 위치에 그대로 남겨 두라고 권고합니다.

수색 팀이 디지털 이미지를, 컴퓨터로 옮긴 선박 건조 기사의 원안과 맞추어 보니 서로 정확하게 맞았어요. 두 번째 난파선이 발견된 것입니다!

테러호는 오랫동안 그 배가 얼음에 산산조각이 났다고 여겨져 온 지점에서 남쪽으로 96킬로미터 떨어진 곳에서 발견되었습니다. 난파선 두 척 모두 남쪽으로 표류하다 가라앉았을 수도 있지만, 그 가능성은 작아 보여요. 배들의 경로는 의도된 것으로 보이거든요. 이누이트족 이야기와 난파선에서 나온 단서들을 종합해 보니 실제로 일어났을 가능성이 더 큰 사건들이 나타났습니다. 탐험대 전체가 남쪽으로 다 같이 이동한 것이 아니라 생존하려고 고군분투하며 더 작은 그룹으로 나뉘어 움직인 것으로 보여요. 그중 한 그룹은 얼음에 갇혀 이리저리 떠도는 테러호를 발견하고는, 북극의 남쪽으로 빠져나가기 위해 그 배로 되돌아갔던 것 같습니다.

우리가 안다고 생각했던 것
+
새롭게 알게 된 것

170년 동안 사람들은 추측해 왔습니다. 프랭클린 탐험대에는 어떤 문제가 생겼던 걸까? 비치섬의 무덤 세 기를 발견하면서 질병으로 인해 임무에 실패한 것이라는 결론을 얻었습니다. 보툴리눔 독소증과, 납으로 밀봉된 통조림 식품에서 유래할 가능성이 있는 납 중독은 정서 불안이나 이상 행동을 일으킬 수 있었어요. 영구 동토층에 보존되어 있던 선원들의 유해 세 구는 1980년대에 발굴되었는데 분석 결과 납이 확인되었습니다. 하지만 참사의 원인은 그렇게 단순하지 않았을 거예요.

전문가들은 탐험이 실패하는 데에는 절대 한 가지 문제만 있지 않다는 데에 대체로 동의했습니다. 보통은 불행의 연속으로 인해 실패하지요. 대원들의 옷은 북극에서 살아남기에 적합하지 않았습니다. 오염된 통조림에 담긴 음식을 먹을 수 없게 되자 선원들의 병이 악화했을 수도 있습니다. 거기에 더해 기후에도 커다란 변화가 있었어요. 프랭클린이 항해를 계속하도록 부추긴 따뜻한 봄과 그 이후의 순조로운 기간이 지난 후, 탐험대원들은 순식간에 결빙기에 갇혔을 겁니다. 그 뒤 이누이트족의 기억 속에 최악의 겨울로 남은 계절이 이어졌지요. 그렇게 탐험대는 전설이 되었습니다.

난파선이 발견되면서 탐험대의 운명에 관한 생각이 뒤바뀐 것에 더해, 그동안 사실로 받아들여진 이야기들에도 이의가 제기되었어요. 탐험대의 마지막 생존자들이 북서 항로에서 찾기 힘든 경로를 발견해 내겠다던 목표를 달성했을 가능성이 있었습니다.

난파선을 계속 연구할수록 더 많은 정보가 밝혀질 겁니다. 물속이나 영구 동토층 어딘가에서 프랭클린의 항해 일지나 무덤 같은 새로운 증거가 발견될 가능성도 여전히 남아 있지요.

프랭클린의 사라진 배를 수색하면서 북극과 그곳의 변화무쌍한 기후, 알려지지 않은 수심에 대한 우리의 지식 역시 늘어났습니다. 프랭클린 시대의 탐험대원들처럼 우리는 북극의 힘을 더 존중하고 그 복잡한 특성을 더 잘 이해하게 될 거예요.

5장

숨겨진 폐하

리처드 3세의 잃어버린 무덤

잉글랜드,
1485년 8월 22일

어느 여름날 아침, 두 군대가 반대 방향에서 서로를 향해 접근하고 있습니다. 그들은 곧 잉글랜드 전원 지대의 중심부에 있는, 습지로 둘러싸인 들판에서 만나게 되겠지요.

규모가 더 큰 군대는 높은 지대에서 잠시 멈춰 섰어요. 아직 적은 보이지 않지만 적보다 유리한 고지를 점할 수 있거든요. 이 군대의 대장은 바로 리처드 3세입니다. 그의 적수는 헨리 튜더로, 프랑스 용병들과 웨일스인 지지자들을 등에 업고 왕위에 도전하고 있어요.

리처드는 헨리의 병력이 런던으로 향하는 길에 이곳을 지날 거라는 점을 파악했습니다. 리처드의 잉글랜드인 병사들은 여기서 대기했다가 그들을 막을 겁니다.

동이 트기 전 리처드 3세는 갑옷을 입고는 8,000명의 강인한 병사들이 바람에 펄럭이는 깃발을 들고 선 자신의 군대 앞에서 말을 타고

행진했습니다. 모두가 볼 수 있도록 헬멧 위에는 왕관을 썼지요. 통치권을 상징하는 이 의식으로 병사들에게 충성심을 불러일으키려는 것이지요. 만약 오늘 헨리를 무찌른다면 이는 곧 자신의 왕권을 위협하는 유일한 존재를 없애는 것임을 리처드는 잘 알고 있어요.

헨리 튜더의 군대가 저 멀리 모습을 드러냈습니다. 2,000명이 조금 넘는, 훨씬 규모가 작은 군대네요. 헨리는 승리를 확신할 수 없어 혹시라도 일이 잘못될 경우 탈출하기 쉽도록 후위대에 남아 있습니다.

전투가 시작되었고 리처드 왕에게 승산이 있어 보입니다. 그런데 리처드가 예상에 없던 대담한 행동을 합니다. 높은 지대에 있는 자기 자리를 박차고 나와 몸소 기병을 이끌고 적군을 따돌리면서 헨리를 향해 질주하는 것이었어요.

"역사는 승자가 쓴다"

모든 것은 순식간에 끝났습니다. 리처드는 보즈워스 전투에서 전사한, 요크 왕가 출신 마지막 왕이 되고 말았어요. 헨리는 명령하기를, 리처드의 옷을 벗겨 말에 걸터앉힌 다음 시신을 가장 가까운 도시로 가져가라고 했어요. 리처드가 세상을 떠났고 이제 헨리가 새로운 왕이 되었다는 사실을 모두가 보고 믿도록 전시하라는 것이었지요.

여기까지는 상당 부분 사실로 알려져 있어요. 그런데 리처드는 정확히 어떻게 죽게 된 걸까요? 어디에 묻혔을까요? 가장 중요하게는, 이 논란 많은 왕에 대해 사후에 회자한 끔찍한 이야기들은 과연 정직한 묘사였을까요?

「보즈워스 전투를 치르는 리처드 3세」, 1890년 작.

역사학자들은 몇 세기가 지나도록 이 수수께끼를 풀지 못했습니다. 디엔에이 염기 서열 결정법부터 법의학과 의학 영상법에 이르는 현대 기술을 통해서야 겨우 진실이 밝혀지고 악명 높은 왕의 진

헨리 7세

면목이 생생하게 드러날 수 있었지요.

헨리 튜더는 헨리 7세로서 왕위에 올랐고, 패배한 리처드의 명성은 조금씩 무너졌습니다. 한때 리처드를 칭송했던 연대기 편자들은 이제 비난했지요. 왕이 죽었으니, 자유로워졌다고 느껴서 마침내 진실을 말하게 된 것일까요? 아니면 또 다른 이유가 있었을까요?

헨리 7세에게 리처드의 이름을 더럽힐 강한 동기가 있었다는 것은 의심할 여지가 없었습니다. 헨리의 왕위는 혈통보다는 전투에서의 승리에 기반한 것이라서 불안정했고, 자신의 입지를 강화할 필요가 있었습니다. 한 가지 강력한 방법은 바로 자신을 잉글랜드의 구원자, 폭군을 타도한 왕으로 묘사하는 것이었어요. 리처드가 정당한 계승자인 자기 조카 에드워드로부터 왕위를 빼앗기 위해 쿠데타를 일으켰다고 주장하면서, 헨리는 리처드가 가진 왕위 계승권에 대해 의심을 불러일으켰습니다.

역사는 승자가 쓴다고들 합니다. 리처드 3세에게 일어난 일도 그런 식으로 설명할 수 있을까요? 연대기 편자들은 새 정권의 환심을 사려고 비방전에 가담했던 걸까요? 만약 그랬다면, 효과가 제대로 있었습니다.

리처드의 이야기가 하나하나 되풀이될 때마다 리처드는 점점 더 악랄한 사람이 되어 갔습니다. 리처드가 저질렀다는 살인과 범죄는 더욱 늘어났고 그 모든 것은 누가 봐도 권력을 장악하려는 그의 극악무도한 계획으로 보였어요. 피해자로 추정되는 이들의 목록에는 결국 헨리 6세, 동생 조지, 조카 두 명, 아내 앤, 그 밖의 많은 귀족이 오르게 되었지요.

리처드 3세

그렇다면 그의 외모는 어땠을까요? 사람들은 리처드가 등이 굽었고 다리를 절룩거렸으며 팔이 쇠약했다고들 이야기했습니다. 중세 사람들은 신체의 불구가 내면의 사악함이나 신이 내린 형벌의 징후라고 생각했어요. 리처드는 괴물이 틀림없었습니다!

한 세기에 걸친 공격은 윌리엄 셰익스피어의 희곡「리처드 3세」에서 최고조에 이르렀어요. 셰익스피어가 그린 리처드는 권력과 즐거움을 위해 악의적으로 사람들을 죽이는, 양심의 가책도 없이 직감대로 움직이는 책략가입니다.

몇몇 사람이 묻기 시작했지요. 리처드는 정말 그 정도로 사악했을까? 적들마저도 전투에서 그가 보여 준 용맹함을 칭송했었고, 다른 이들도 그가 왕으로서 정의를 수호했다는 데에는 동의했습니다. 하지만 그 후 3세기 동안 악당 같은 리처드의 이미지가 굳어

> "리처드 왕에 대해 말하자면, 왕은 여러 군데 치명적인 상처를 입었지만 기백이 넘쳤고 가장 용감한 군주처럼 보였다. 들판의 전투에서 쓰러져 달아나지 못했다."
>
> — 크롤랜드 연대기

졌고, 역사학자들도 대부분 그런 이미지를 받아들였지요. 리처드의 진짜 모습은 과장과 신화, 반쪽짜리 진실로 뒤엉켜 사라져 버린 것 같았습니다. 그의 무덤마저 사라졌지요.

왕위에 오르는 길

리처드 3세는 1452년에 태어나 1483년부터 1485년까지 잉글랜드의 왕으로 재위했습니다. 그는 에드워드 4세의 남동생이었어요. 에드워드 왕이 세상을 떠나자 왕의 열두 살 난 아들이 에드워드 5세로 즉위했습니다. 리처드는 통치하기에는 너무 어린 조카를 대신해 섭정이 되어 정부를 운영했습니다. 같은 해, 리처드는 조카가 실제로는 적법하지 않고 따라서 왕이 될 수 없다는 증거를 제시했습니다. 그러고는 조카 대신 즉위했지요. 에드워드와 그의 남동생은 런던 탑으로 보내졌고 결국 실종되었습니다. 그들이 삼촌인 새 왕에게 살해되었는지는, 오랫동안 그런 소문이 돌기는 했지만, 끝내 밝혀지지 않았습니다.

어떻게 왕의 무덤을 잃어버릴 수 있을까?

놀랍고도 기이한 일이지요. 어떻게 국왕처럼 중요한 인물의 무덤을 잃어버릴 수 있었던 걸까요? 리처드의 사후 처음 몇 년 동안 쓰인 기록들이 구체적이지는 않지만, 그에 따르면 리처드의 시신은 전장과 가장 가까운 도시인 레스터에서 이삼일 동안 공개적으로 전시된 것으로 보입니다. 리처드가 사망했다는 것을 증명하려고 헨리가 명령한 것이었지요. 그 뒤 리처드는 "거창하거나 엄숙한 장례식 없이" 동네 교회 바닥에 급하게 판 구덩이 속으로 던져져 묻혔습니다. 이후에 나온 두 기록에 따르면 "그레이프라이어스" 교회였다고 해요. 회색 가운을 입은 수사들이라는 뜻의 이름이지요.

1500년대, 잉글랜드의 종교적 격변기 동안 그레이프라이어스 소(小)수도원을 포함한 많은 교회가 파괴되었습니다. 혼란 속에서 리처드의 유해가 파헤쳐졌다는 이야기가 떠돌기 시작했어요. 성난 군중이 그의 시신을 들고 거리를 활보하다 강에 던져 버렸다고들 했지요. 1600년대, 역사학자 존 스피드는 리처드의 묘지는 텅 빈 채 폐허가 되었으며 그의 석관은 말구유가 되었다고 남겼습니다. 역사학자들은 대부분 이 기록을 사실로 받아들였지요. 반박의 여지가 없었어요.

이후 수 세기가 흐르는 동안 오래된 폐허 위로 새로운 건물이 들어섰고, 중세 도시는 그 밑으로 사라졌습니다. 리처드의 마지막 흔적이 어디에 남아 있는지 알 수 있는 확실한 단서가 그렇게 사라졌어요.

고대 지도와 디엔에이 염기 서열

2004년, 영국의 역사학자 존 애시다운힐은 리처드의 무덤을 추적한 역사학자 스피드의 기록과 그가 그려 놓은 지도를 자세히 살펴보았습니다. 그러고는 스피드가 실수했다는 것을 발견했지요. 스피드는 그레이프라이어스가 아니라 블랙프라이어스가 있던 자리에 갔었던 거예요! 리처드의 유해는 현대 도시 레스터의 지하 어딘가에 아직 남아 있을까요?

그와 동시에 애시다운힐은 벨기에의 한 교회에 묻혀 있던 유해 한 구의 신원을 밝힐 수 있도록 도와 달라는 요청을 받았습니다. 그 유골들은 리처드의 누이인, 요크가의 마거릿의 것일 가능성이 있었어요. 마거릿이 맞는다는 것을 확인하기 위해 마거릿의 디엔에이 염기 서열을 알아낼 수 있을까요? 이를 알려면 마거릿의 후손 중 한 명의 디엔에이가 필요했습니다. 애시다운힐은 우선 모계 쪽 가계도를 추적해 생존해 있는 마거릿의 후손을 찾아보았습니다. 이제 지금 살아 있는 사람의 디엔에이와, 유골에서 나온 디엔에이를 비교해 서로 일치하는지 확인하는 기술을 이용할 수 있으

니까요.(33면 참고)

마거릿의 가계는 소멸한 상태라 애시다운힐은 리처드의 누나인 앤의 혈통으로 다시 찾아보았습니다. 세례 명부와 인구 통계 자료, 가족 편지까지 샅샅이 뒤졌어요. 놀랍게도 엄마에서 딸로, 가계가 계속해서 이어지고 있었습니다. 리처드의 열여섯 번째 종손녀인 조이 입센이 캐나다에 살고 있었어요. 애시다운힐이 입센에게 연락해 이 소식을 알리자 입센은 깜짝 놀랐지요. 그 악명 높은 왕이 친척이라는 사실을 전혀 몰랐거든요.

리처드는 직계 후손을 남기지 않았습니다. 하지만 애시다운힐은 입센과 일치하는 미토콘드리아 디엔에이 하나만 있으면 벨기에에서 나온 유골이 마거릿의 유해임을 확인할 수 있고, 만일 잃어

미토콘드리아 디엔에이(mtDNA)

우리의 세포에는 두 종류의 디엔에이가 들어 있습니다. 핵 디엔에이에는 부모의 디엔에이가 반반씩 섞여 있습니다. 하지만 미토콘드리아 디엔에이는 모계 유전으로만 전달됩니다. 리처드와 그의 여형제들은 어머니로부터 물려받은 동일한 미토콘드리아 디엔에이를 가지고 있었을 거예요. 하지만 여형제들만이 그 미토콘드리아 디엔에이를 자식에게 물려주었을 테고, 그중에서도 딸들만이 차례대로 그것을 물려줄 수 있었습니다.

버린 리처드의 안장지를 찾아낼 수만 있다면 리처드의 유해 역시 신원을 확인할 수 있다는 사실을 깨달았어요.

묘한 직감

에든버러에 사는 작가 필리파 랭글리는 영화 시나리오에 쓸 아이디어를 얻기 위해 2004년 레스터를 방문했습니다. 역사는 리처드 3세에게 불공평했으니 그의 삶이 극적인 영화가 될 수 있으리라 생각했어요. 최후의 전투 전, 리처드가 마지막으로 방문했던 도시의 거리를 걷다 보면 영감이 떠오를 것 같았지요.

랭글리는 뉴스트리트에 있는 주차장으로 향했습니다. 현대의 주차장에 중세 성벽 일부가 폐허로 남아 있었기 때문에 한때 그곳에 그레이프레이어스 교회가 서 있었을지도 모른다는 소문이 났었지요. 랭글리는 주차된 차들을 지나 돌담으로 향했지만, 궁금증을 푸는 데 도움이 될 만한 것은 하나도 없어 보였어요. 그러다 출입구와 "사유지" 표시 뒤로, 길 건너편에 또 다른 주차장이 있다는 사실을 알아차리고는 신이 났습니다. 호기심에 가득 찬 랭글리는 재빨리 주차장을 가로질러 건너편 끝에 있는 붉은 벽돌담을 향해 걸어갔습니다.

그 벽에 다가갈수록 아주 기묘한 느낌을 받았어요. "심장이 두

114

근거렸어요…. 너무나 소름 끼쳐서 햇살 속에서도 뼛속까지 서늘함을 느낄 정도였어요. 내 마음속 깊숙이 리처드의 유해가 여기에 있다는 것을 알았어요. 내가 그의 무덤 바로 위에 서 있다는 확신이 들었습니다." 하지만 과연 누가 그 말을 믿어 줄까요?

100만 대 1

5년 뒤, 랭글리는 리처드 3세에 관심이 많은 사람들의 모임인 리처드 3세 지역 모임에서 강연회를 열기 위해 애시다운힐을 에든버러로 초대했습니다. 랭글리는 애시다운힐에게 자신의 직감에 관해 이야기했고, 애시다운힐은 자신의 연구에 관해 설명했지요. 애시다운힐은 그레이프라이어스 교회가 어디에 있었는지 알 것 같았어요. 랭글리가 서 있었던 주차장 북쪽 끝이 분명했습니다. 랭글리는 결심했습니다. 리처드 3세 지역 모임의 도움을 받아 왕의 무덤을 찾아 나서기로요!

현대의 주차장 밑에 왕이 묻힌 채 잊혔다는 생각을 비웃는 사람이 많았지만 랭글리는 단호했습니다. 진실을 밝힐 단서가 왕의 디엔에이에 있으리라 짐작한 애시다운힐처럼, 랭글리는 시신을 발견하면 "진짜 리처드의 모습을 밝혀낼 수 있으리라" 기대했어요.

랭글리는 주차장 발굴을 허가해 달라고 시 의회를 설득한 뒤 레

요크 가문의 몰락과 튜더 왕조의 부상 —

1452
년

리처드가 잉글랜드의 합법적 왕위 계승자인 요크 가문에서 요크 공작의 막내로 태어남.

1461
년

요크 가문과 랭커스터 가문 사이의 내전("장미 전쟁") 이후, 리처드의 첫째 형이 에드워드 4세로 즉위함.

1483
년

4월: 에드워드 4세 사망. 그의 12세 아들이 에드워드 5세가 됨. 리처드가 에드워드의 양육권을 가지고 섭정을 맡기로 함.

6월: 리처드와 그의 지지지들이 에드워드 5세에게 합법적 계승권이 없다고 공개적으로 주장함.

7월: 리처드가 리처드 3세로 왕위에 오름.

스터대학의 고고학자 리처드 버클리와 만났습니다. 버클리는 잃어버린 그레이프라이어스 교회를 찾아 나선다는 생각을 아주 흥

1484년	1485년				
4월: 리처드의 아들 에드워드 사망.	3월: 리처드의 왕비 앤 네빌 사망.	8월 7일: 헨리 튜더가 군대를 이끌고 리처드의 왕권에 도전하기 위해 잉글랜드에 도착.	8월 22일: 리처드가 보즈워스 전투에서 살해됨.	8월 25일: 리처드가 레스터에 묻힘.	10월: 헨리 튜더가 헨리 7세로 왕위에 오름.

미로워했습니다. 중세의 레스터와 500년 전의 생활에 대해 새로운 통찰력을 얻을 수 있을지도 모르니까요. 버클리의 팀은 교회를 찾

아보기로 했고, 랭글리는 그 발굴 작업으로 무덤 또한 찾게 되기를 바랐습니다.

버클리의 생각에 그 교회를 발견할 확률은 반반이었어요. 하지만 왕의 무덤을 찾는 것은 거의 가능성이 없어 보였습니다. 버클리는 농담처럼 "100만 대 1의 확률"이라고 말했어요.

아스팔트 포장재를 뜯었더니

2012년 8월, 버클리의 발굴 팀은 공사를 시작할 준비를 마쳤습니다. 굴착기가 굉음을 내며 작동하기 시작했어요. 운전사가 집게 같은 스쿠프가 달린 기계식 팔을 휘두르자 첫 번째 도랑의 아스팔트 포장재가 부서지기 시작했습니다. 실망스럽게도, 처음 발견된 석조물 조각들은 빅토리아 시대의 별채 유적으로 밝혀졌어요.

그런데 현장 소장 매슈 모리스가 갑자기 손을 들었고 굴착기의 굉음이 멈췄습니다. 약 1.5미터 아래 흙 사이에서 기다란 뼈가 눈에 띄었습니다. 다리뼈처럼 보였어요. 모리스는 모종삽으로 조심스럽게 뼈 주변의 흙을 제거했습니다. 첫 번째 뼈와 나란히 놓여 있던 두 번째 뼈가 서서히 시야에 들어왔습니다. 나란히 놓인 두 개의 다리처럼 보였지요. 유해 일부일까요?

모리스는 랭글리에게 섣불리 결론 내리지 말라고 주의를 주었

주차장에서 발굴된 유골.

어요. 다른 시대, 다른 사람의 것일 수도 있으니까요. 아직 교회의
위치를 알 수 있는 중세 석조물은 발견되지 않았습니다. 어느 경우
이든 고고학적 목적으로 유해 발굴 허가를 신청하기 전까지는 그
유골들을 흐트러뜨릴 수 없었어요.

　발굴이 진행되자 장식 타일과 스테인드글라스 같은 중세 건물의
흔적이 서서히 드러났습니다. 며칠에 걸친 작업 끝에 발굴 팀은 교
회의 벽과 무덤임이 틀림없는 증거들을 찾아냈습니다. 버클리가
유해 발굴 허가를 신청해도 좋을 만큼 확실한 증거였어요.

뼈를 발굴하다

발굴 팀은 다리뼈 옆에 놓여 있는 것은 무엇이든 발굴할 준비가 되었습니다. 자신의 디엔에이를 유출해 그 유골들을 오염시키지 않도록 머리부터 발끝까지 덮는 법의학복을 입고, 도랑 안으로 조심조심 들어갔지요. 뼈 고고학자(인골을 전문으로 연구하는 고고학자) 조 애플비는 자기 앞의 흙을 깎아 어떤 뼈든 찾아내려고, 넓은 날이 달린 도끼처럼 생긴 곡괭이로 작업했어요.

그것은 분명 인골이었습니다. 발은 유실되었는데, 아마도 1800년대에 벽이 세워질 때 잘린 것 같아요. 다른 공사는 머리를 몇 밀리미터씩 비켜 나갔습니다. 이 인골이 교회에 묻힌 수사일 가능성이 있을까요?

애플비는 그 옆에서 깜짝 놀랄 만한 것을 발견했습니다. 그 유해의 두개골은 위로 올라와 가슴 앞으로 기울어져 있었고, 척추는 알파벳 시(C)처럼 한쪽으로 뚜렷하게 휘어져 있었어요. 랭글리는 충격을 받았습니다. 그럴 리가 없었어요. 랭글리는 만약 리처드를 발견했는데 척추가 곧다면 그 적대적인 묘사들이 틀렸음을 입증하게 될 거라고 확신했었습니다. 어쩌면 이 유해는 리처드의 것이 아닐지도 모르지요. 하지만 만약 리처드가 맞는다면… 그의 신체적 불구에 관한 이야기들은 전부 사실이었던 걸까요?

발굴 팀은 유골이 놓여 있던 자리를 영상과 사진으로 기록했습니다. 그런 다음 뼈를 하나씩 조심스럽게 꺼내 투명한 비닐 "유물 봉투"에 옮겨 담았지요. 고고학자들은 신중한 태도를 유지하며 그 유해의 신원에 관해서는 의견을 밝히지 않았습니다. 하지만 랭

멧돼지 상징이 그려진 리처드 3세의 왕기.

글리와 애시다운힐은 달랐어요. 리처드 3세의 왕기를 가져와서는, 대기하고 있던 밴으로 유골을 옮기기 전에 애시다운힐이 그 왕기로 유골함을 덮었습니다.

법의학 사건처럼

그 밴은 레스터대학으로 향했습니다. 전문가 팀이 각기 다른 각도에서 유골을 분석할 겁니다. 그들의 접근법은 마치 퍼즐 조각들을 맞추는 것 같아요. 유골은 현대의 법의학 사건처럼 다루어졌지요. 그 사람에 대해 어떤 정보가 담겨 있는지, 그는 어떻게 죽었고 누구인지를 찾아낼 겁니다.

첫 단계는 유골을 시티(CT) 스캔하는 것이었습니다.(26면 참고) 이렇게 하면 뼈를 자르지 않아도 뼈 안쪽을 볼 수 있지요. 이 과정

의 일부로, 시티 스캔에서 나온 디지털 이미지들을 활용해 스리디(3D) 프린터로 그 유골의 모형을 만들어 냈어요. 두개골 모형은 실물과 정확히 똑같아서 나이테까지 볼 수 있었어요!

대강의 나이를 알아내기 위해 그 유골들을 방사성 탄소 연대 측정법으로도 조사했습니다.(17면 참고) 결과를 대조 검토하기 위해 갈비뼈에서 나온 두 개의 샘플을 서로 다른 연구실로 보냈어요.

결과는 실망스러웠습니다. 이 사람은 1430년에서 1460년 사이에 사망했을 가능성이 95퍼센트에 달했어요. 리처드라 하기에는 너무 오래된 유해로 보였지요.

그 뒤에 나온 새로운 정보가 뜻밖의 전개를 가져왔습니다. 유골에 들어 있는 다른 동위 원소(동일한 화학 원소의 다른 형태)들에서 그 사람의 식습관에 대해 자세한 정보가 나왔어요. 이 남자는 해산물을 아주 많이 섭취했습니다. 해양 생물들이 많은 탄소14를

연대의 정확도

방사성 탄소 연대 측정법은 정확한 연대를 집어내지는 못합니다. 정확도 백분율로 연대 범위를 추정할 수 있을 뿐이지요. 보통은 두 개의 결괏값이 나옵니다. 첫 번째 결괏값은 정확한 연대가 주어진 범위 안에 있을 확률이 68퍼센트입니다. 그 연대 범위를 두 배로 늘리면 정확도가 95퍼센트로 올라가지요.

흡수했기 때문에 그가 섭취했던 모든 종류의 해산물이 그 실험에서 정체를 드러낸 거예요. 조사 결과가 바로잡혔고 이제 1430년에서 1530년 사이에 사망했을 확률이 95퍼센트로 나타났습니다.

동위 원소 분석을 좀 더 해 보자 더 많은 단서가 드러났습니다. 유치에 남아 있던 동위 원소와, 청소년기에 형성된 치아의 동위 원소는 서로 다른 지역에서 나온 물과 음식의 흔적을 간직하고 있었어요. 그것으로 이 사람이 성장하는 동안 살았던 장소를 알 수 있었지요. 이 흔적들은 리처드와 그의 형제자매들이 가문의 적들을 피해 여기저기 이사를 자주 다녔다던, 그의 어린 시절에 관해 알려진 사실과 일치했습니다. 생애 마지막 몇 년 동안 이 사람의 식습관이 급격하게 바뀌었다는 것 또한 분명했어요. 그는 고기와 생선, 가금류를 많이 먹기 시작했습니다. 왕에게 걸맞은 만찬 음식이지요!

리처드는 괴물?

애플비는 두개골을 통해 이 남자가 20대 후반에서 30대 후반에 사망했을 거라는 결론을 내렸습니다.(리처드는 서른두 살에 사망했어요.) 좀 더 자세히 관찰한 결과, 이 남자가 한때 "꼽추"로 불렸던 척주 후만증이 있던 것은 아니라는 사실도 밝혀졌지요. 애플비는 가슴 앞으로 밀쳐진 두개골의 위치를 보고 척주 후만증이라고 잘못 판단했었지만, 이제 그것은 시신이 너무 얕은 구덩이로 던져졌기 때문임이 분명해졌습니다.

하지만 척추 윗부분이 옆으로 굽어 있었어요. 이 유골의 주인은 다른 건강 문제, 척추 옆굽음증이 있었던 겁니다. 척추 옆굽음증 전문가인 피어스 미첼이 척추의 삼차원 모형을 조사했습니다. 척추 옆굽음증으로 곱사등이 되지는 않았겠지만, 척추의 휘어진 형태 때문에 오른쪽 어깨가 왼쪽 어깨보다 살짝 높아졌을 거예요. 옷을 입었을 때는 이런 상태가 눈에 띄지 않았을 테고, 그는 평범하게 신체 활동을 할 수 있었을 겁니다. 다리뼈들은 정상이어서 그는 다리를 절룩거리지 않았을 거예요.

애플비는 팔이 쇠약한 것은 아니었다고 확인해 주었습니다. 양쪽 팔 모두 정상이었어요. 키는 중세 시대 평균인 1.7미터 정도 되었습니다. 이 사람이 만약 리처드 3세라면, 유골들은 그의 곱사등과 절룩거리는 발, 쇠약한 팔에 관한 이야기들이 의도적으로 과장되고 진실을 왜곡한 것임을 증명하는 것이었지요.

최후의 한 방

그다음 목표는 사인을 밝히는 것이었어요. 애플비는 유골에 남아 있는 상처의 원인을 확인하기 위해 현대의 살인 사건을 조사하는 법의학자와 트라우마 전문가와 함께했습니다. 로버트 우즈넘 새비지도 합류했지요. 그는 영국 왕립무기고박물관의 갑옷과 무기 담당 큐레이터로 중세의 전투에서 입는 부상과, 그 상처를 내는 무기들에 대해 아주 잘 알았습니다. 이 전문가들은 검에 베인 상처 자국이나 브이(V) 자 형태의 깊은 단검 자국을 찾기 위해 유골을 하나하나 살펴봤어요.

이 남자가 아주 끔찍한 죽음을 맞았다는 사실은 의심할 여지가 없었습니다. 그 두개골은 서로 다른 무기로 여러 차례 공격을 받아 손상되었지요. 그중 두 번의 타격은 매우 치명적이었고, 미늘창(나무 손잡이 끝에 도끼날과 창이 달린 무기)에 의한 것일 가능성이 있었습니다. 이를 통해 리처드가 죽은 지 얼마 안 된 시점에 나왔던 다음의 기록이 사실임이 확인되었지요. "그 뒤에 웨일스인 병사 한 명이 리처드의 뒤를 쫓아가 미늘창으로 쳐서 죽였다."

몸에서는 전투로 인한 상처가 발견되지 않았어요. 몸은 갑옷으로 잘 보호했던 것이 틀림없었지요. 특이하게도 얼굴 대부분이 다치지 않은 채로 남아 있었습니다. 공격한 사람은 그가 죽은 뒤에도 알아볼 수 있기를 바란 것 같습니다. 헨리 튜더는 실제로 리처드의 시신을 전시해 선왕이 사망했다는 사실을 분명히 보이려고 했어요.

사람의 얼굴을 재현하는 과학

리처드 3세의 초상화가 몇 점 있지만, 모두 화가들이 상상으로 그린 것이었어요. 이제 왕의 얼굴을 정확하게 복원할 기회가 왔습니다. 두개골 바깥에서 작업하는 복안법 기술이 살인 사건부터 재해 피해자까지 다양한 법의학 수사에서 유골을 식별하는 방법으로 입증되었거든요. 두개골은 얼굴만큼 고유한 특성이 있지만, 우리는 그 위에 근육과 조직이 더해지기 전까지는 그것을 제대로 인식할 수 없습니다. 디지털 기술로 그 과정이 더 빠르고 정확해졌지요.

인류학자이자 두개 안면, 즉 머리뼈와 얼굴뼈의 신원 확인 담당 교수인 캐롤라인 윌킨슨은 그 두개골의 고해상도 사진과 삼차원 시티 스캔을 가지고 작업했습니다. 모니터에서 두개골 이미지가 회전하는 동안 윌킨슨은 안구와 조직을 덧붙였습니다. 윌킨슨의 오른팔과 손의 움직임을 화면상으로 변환하는 장치인 촉각 팔을 사용하여, 마치 조각가가 점토로 작업하듯 두개골 모형을 만들 수 있었어요.

스리디 프린팅으로 만든 실물 크기의 머리를 디지털 아티스트에게 넘겨 머리카락과 피부, 눈동자 색깔을 추가했습니다. 랭글리는 완성된 얼굴을 보고 놀랐어요. "금방이라도 말을 하고 웃을 것 같은 젊은 남자의 얼굴이었어요. 나는 헛되이 폭군을 찾으려 했던

리처드 3세의 얼굴을 현대 과학으로 재현한 모습.

겁니다. 얼마나 기뻤는지 말로 다 설명할 수가 없네요. 나는 진짜 리처드 3세와 대면했습니다."

디엔에이, 마지막 퍼즐 조각

리처드 누이의 살아 있는 후손과 리처드의 디엔에이를 비교해 볼 차례가 되었습니다. 입센의 아들 마이클은 소목장으로 일하며 런던에 살고 있었고, 살아 있는 디엔에이 샘플을 제공하는 데 이미 동의했어요. 주차장 발굴 현장에서도 디엔에이 샘플이 채취되었지요. 디엔에이 증거는 신원 확인에 가장 기본적인 요소가 될 겁니다.

아주 오래된 디엔에이는 손상되기 쉽습니다. 보통 유골에서 가장 잘 보존되는 부위가 치아이기 때문에 디엔에이 샘플을 치아 두 개에서 각각 채취했어요. 만약 두 샘플에서 같은 결과가 나온다면, 디엔에이가 오염되었을 가능성을 배제할 수 있을 거예요. 결과를 대조 확인하기 위해 오래된 디엔에이를 전문적으로 다루는 실험실 두 곳에서 디엔에이 염기 서열 결정법을 진행했습니다.

그런 다음 입센의 디엔에이를 두 실험실에서 나온 두개골의 디엔에이 염기 서열과 비교해 보았지요. 두 결과가 같았습니다. 완벽하게 일치했어요! 다음으로 모든 증거를 대상으로 통계 분

치명적인 권력 다툼

2010년, 고고학자들이 드디어 습지 끝에 있던 보즈워스 전투 현장의 실제 위치를 찾아냈습니다. 전장에서 나온 단서들과 유골에서 나온 법의학 조사 결과를 종합해 마침내 리처드의 마지막 순간을 재구성할 수 있었어요.

진격하던 리처드의 기병들이 창으로 무장한 헨리의 병사들에게 가로막히자 아마도 리처드의 말이 습지대에서 발을 헛디뎠고 리처드가 말에서 떨어졌을 겁니다. 리처드는 적들로 둘러싸이는 아주 위험한 상태에 놓였어요. 그의 헬멧이 찢어졌고, 적군들은 무방비 상태의 머리를 내리쳤습니다. 리처드는 결사적으로 방어했지만 순식간에 끝이 나 버렸지요.

석을 했습니다. 그 유골이 리처드 3세의 것일 확률이 99.9994~ 99.9999퍼센트에 달했어요.

고고학자와 과학자로 꾸려진 연구 팀은 기자 회견을 열고 결과를 발표했습니다. 전문가들이 증거를 검토한 후, 버클리는 "의심할 여지 없이, 2012년 9월 그레이프라이어스에서 발굴된 유해는 잉글랜드 플랜태저넷가의 마지막 왕인 리처드 3세가 맞는다."라고 공표했답니다.

왕의 귀환

2015년, 리처드 3세는 17대 후손인 조카 마이클 입센이 만든 관에 안치되어 레스터대성당에 다시 묻혔습니다. 랭글리는 중대한 목표 하나가 달성되었다는 사실에 흡족했어요. 헨리 7세가 인정하지 않았던 리처드를 왕릉에 명예롭게 이장하는 것이 바로 그것이지요.

랭글리의 기묘한 직감도 결실을 보았습니다. 고고학자들은 리처드가 왕이기 때문이 아니라, 유골을 분석할 기회를 얻어 500년 된 유명인을 찾아내는 것이 "매우 드문" 일이기 때문에 놀라운 발견이었다고 언급했어요. 유전학, 의학, 법의학, 계보학, 역사학, 고고학을 아우르는 모든 관련 분야의 분석을 적용하여, 연구자들은

래스터대성당 안에 만들어진 리처드 3세의 왕릉.

중세에서 온 왕의 일생을 아주 자세하게 들여다볼 수 있었습니다. 그의 삶과 그가 살았던 시대에 관해서는 물론 그가 어디서 어떻게 자랐고, 무엇을 먹고 마셨으며, 어떤 상처 때문에 죽음에 이르렀는지까지도 모두 밝혀졌답니다.

우리가 안다고 생각했던 것
+
새롭게 알게 된 것

그렇다면 리처드는 반역으로 인해 재위 기간이 짧아진 선한 왕이었을까요, 아니면 폐위된 폭군이었을까요? 유골에서 나온 증거는 이양극단 사이에서 균형을 잡는 데 도움이 되었습니다. 혼란스러운 기록 중 무엇이 진실인지 확인되면서 리처드의 명성은 회복되었고, 우스꽝스럽게 묘사되었던 그의 모습도 멀쩡한 사람의 모습으로 되돌아왔지요.

아마도 이 중세 잉글랜드의 마지막 왕은 험난한 시대를 살았던 사람, 야망과 사명감을 모두 품었던 유능한 사람이었을 겁니다. 그의 성격과 의도에 대한 진실은 여전히 역사학자들에게 수수께끼로 남아 있어요.

리처드 3세를 수색하는 작업은 한 사람에 대한 진실을 찾아가는 과정에서 유골뿐 아니라 역사에도 과학이 쓰일 수 있다는 사실을 가르쳐 주었습니다. 리처드에 대해 오랫동안 전해져 온 역사는 유골 분석과 같은 과학적 실험으로 뒷받침되었어요. 전설과 사실은 별개의 것이었습니다. 왕은 괴물이 아니었고, 그의 시신은 강에 던져진 것이 아니었으며, 그의 관은 말구유가 되지 않았습니다. 만약 이 역사적 기록들이 사실이 아니라면, 또 무엇일 수 있을까요? 잃어버렸던 왕이 발견된 일은 역사적 "사실"을 객관적이고 열린 마음으로 바라봐야 한다는 점을 강력하게 되새겨 줍니다.

6장

쇼베 동굴

예술이 시작된 곳

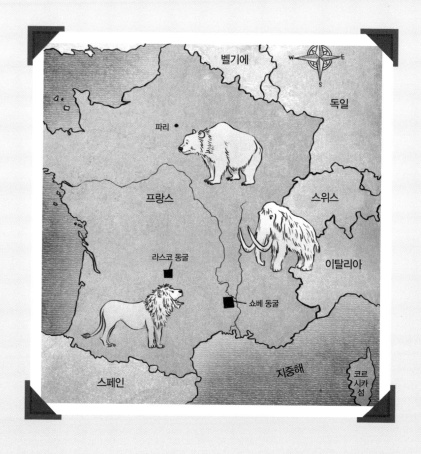

프랑스 아르데슈,
36,000년 전

　공기는 건조하고 차갑지만, 절벽 기슭을 따라 걷는 사람들은 순록 가죽과 털로 만든 코트와 부츠 덕분에 따뜻합니다. 산을 더 높이 올라가면 모든 것이 두꺼운 빙하 얼음층으로 덮여 있지만, 여기에는 낮게 자라는 나무와 얇은 소나무 숲으로 이루어진 대초원이 있어요.

　생존을 위해, 사람들은 풀밭을 달리는 순록, 말, 들소의 거대한 무리를 쫓아갑니다. 긴 창으로 이 동물들을 사냥하는데 때로는 털북숭이 매머드까지 때려눕히지요. 밤에는 야영을 하거나 바위 절벽 아래에서 잠을 자요. 불 가까이에서 몸을 녹이고, 돌아가면서 동굴 곰, 동굴 사자, 털 코뿔소 같은 포식자를 감시해요.

　모닥불에서 그리 멀지 않은 곳에는 빠르게 흐르는 강물 위로 두 개의 절벽이 있고 그 절벽은 높게 솟아오른 석회암 아치로 연결되어 있습니다. 사람들 모두가 잘 아는 랜드마크랍니다. 가까이에 절벽 입구가 어둠 속으로 이어져 있어요. 그 안을 모험하는 사람들은 이 통로가 석회암 벽이 있는 아주 높은 공간으로 이어진다는 사실을 발견하지요. 그들은 번뜩이는 소나무 횃불을 가져와 칠흑 같은 어둠 속을 비춥니다. 동굴 바닥에 불을 피우고 소나무를 태운 뒤 숯으로 안료를 만들어요. 그중 한 명이 손바닥에 그 검붉은 안료를 묻힌 다음, 차가운 석회암 벽에 대고 누릅니다. 자기만의 흔적을 남기려고요. 이 자국은 수천 년 동안 남아 있을 거예요. 그들은 누구였고, 무엇을 하고 있었으며, 어째서 상상을 초월하는 긴 시간 동안 수수께끼가 되는 걸까요? 그들은 검붉은 안료와 숯 같은 단서들을 남겨 둘 겁니다. 이 증거가 재발견되어 현대의 기술로 연구된다면, 예술가로서 인간의 발전에 대한 생각이 완전히 바뀔 거예요. 인간의 예술이 시작된 바로 그 여명기에 남겨진 이 특별한 재능의 증거는 지적이고 창조적이며 아마도 종교적인 존재로서 인류의 시작을 비추어 줄 겁니다.

최초의 예술가들

세계 곳곳에서 우리의 아주 먼 조상들은 동굴 벽에 그림을 그려 자신들의 흔적을 남겨 두었습니다. 유럽의 경우 스페인과 프랑스에서 특히나 화려한 선사 시대 동굴 벽화가 발견되었어요.

이러한 발견을 바탕으로 전문가들은 인간의 예술이 발전해 온 과정을 연표로 만들었습니다. 가장 오래된 것으로 알려진 동굴 벽화는 사실적으로 묘사할 의도는 없어 보이는, 간단한 선으로 대충 그린 그림이었어요. 수천 년을 거치면서 예술가들의 서툰 시도는 서서히 발전하고 더욱 정교해졌습니다. 마침내 예술가적 기교의 이정표인, 동물을 정확하게 묘사하는 기술을 익히게 되었지요. 이 연표는 널리 받아들여졌어요.

그런데 정말 놀라운 것을 발견하게 되었습니다. 1940년, 프랑스의 고고학자 앙리 브뢰유는 프랑스 남쪽 라스코 지방으로 불려 갔어요. 소년들이 매우 사실적으로 묘사된 동굴 벽화를 발견한 것이었습니다. 그 벽화는 마치 황소와 야생 소, 그 밖의 여러 동물로 구성된 화려한 미술관 같았지요. 브뢰유는 깜짝 놀라 그 동굴에 "선사 시대의 시스티나 예배당"이라는 별명을 붙였습니다. 그곳에서 인류는 그때까지 선사 시대 그림에서는 볼 수 없었던 예술적 기교의 절정에 이르렀던 거예요. 17,000년 전의 것으로 알려진 라스코 동굴 벽화는 수십 년 동안 선사 시대 최초의 정교한 예술 작품으로 여겨졌습니다. 사람들은 바로 여기에서 진정한 예술이 시작되었다고들 했지요.

방문객들을 위해 만들어 놓은, 라스코 동굴과 내부의 벽화 복제품.
원래의 동굴은 보존을 위해 폐쇄해 두었다.

절벽의 틈새

프랑스의 아르데슈강은 가파른 석회암 절벽 옆으로 나 있는 협곡을 통과합니다. 유명한 퐁다르크에는 눈에 띄는 자연석 아치가 있어 석회암이 강을 가로지르지요.

1994년 12월, 맑고 추운 어느 일요일에 세 친구는 가장 좋아하는 취미인 동굴 탐험을 하려고 절벽 옆 오솔길을 배회하고 있었어요. 앞장선 사람은 지역 공원 관리인인 장마리 쇼베였습니다. 엘리엣 브루넬 드샹과 크리스티앙 일레어가 함께했지요. 세 사람은 절벽 측면에 튀어나와 있는 좁은 바위들을 요리조리 빠져나가 자기들이 발견한 모든 구멍에 들어가 보면서 하루를 보냈습니다.

그러다 바위 정면에 달라붙어 제멋대로 자란 나무 너머로 하얀 절벽 위쪽에 난 작은 구멍을 발견했어요. 그 구멍은 너무 좁아서

고대 조상들

구석기 시대(또는 뗀석기 시대) 동안, 인류와 그들의 멸종된 조상들은 망치 같은 돌로 다른 돌을 세게 내려쳐서 쪼아 만든 석기를 사용하는 수렵 채집인들이었습니다. 이런 인류의 발전 단계는 약 250만 년 전에서 마지막 빙하기가 끝난 약 기원전 9,600년까지 이어졌답니다.

프랑스 퐁다르크의 자연석 아치.

한 사람씩 간신히 비집고 들어가야 했습니다. 구멍 안쪽에서는 작고 건조한 공간을 발견했어요. 바닥은 아래로 경사져 있었지요. 그들은 경사를 따라 내려갔고 돌무더기로 가득 찬 막다른 골목에 맞닥뜨렸어요.

쇼베는 앞을 가로막은 돌멩이들 사이로 찬바람이 빠져나오는 것을 느꼈습니다. 돌무더기 뒤쪽으로 숨겨진 동굴이 있을지도 모른다는 신호였어요. 조사해 봐야겠다 싶을 만큼 찬바람이 강했지요. 안쪽으로 들어갈 수 있도록 교대로 돌무더기를 치웠습니다. 마침내 브루넬 드샹이 그 좁은 구멍 안으로 머리와 어깨를 넣을 수 있었어요. 헤드램프를 비추어 보니 10미터 정도 아래에 바닥이 보였습니다. 동굴이 있었어요! 그들은 기뻐서 소리를 지르며 메아리를 들어 보려고 귀를 기울였지만, 그들의 목소리는 끝없이 이어지는 것 같았어요.

거대하고 반짝이는 공간

세 친구는 케이블 사다리를 가지고 돌아와 틈새에 몸을 집어넣고 한 사람씩 차례로 내려갔습니다. 쇼베가 제일 먼저 바닥에 닿았어요.

그를 사로잡은 침묵이 거기 있는 전부였습니다. 쇼베는 주위를 둘러보면서 상상했던 것보다 공간이 훨씬 더 높고 넓다는 것을 확인했지요. 헬멧에 달린 조명이 비추는 모든 것이 하얗고 반짝거렸어요. 환상적인 모양의 하얀 방해석 기둥은 거대한 선인장처럼 바닥에서 솟아올라 있거나 높은 천장에 휘장처럼 매달려 있었습니다. 쇼베는 이런 기둥들이 형성되는 데 수천 년이 걸린다는 사실을 알고 있었어요. 너무나 아름다워서 모두가 말을 잃었습니다.

세 친구는 한 줄로 움직이면서 하얀 방해석 바닥이 손상되지 않도록 앞사람의 발자국을 따라갔습니다. 왼쪽에 나 있는 구멍으로 눈길이 쏠렸어요. 그 구멍은 두 번째 방으로 이어졌는데, 그들은

동굴 천장에 매달린 종유석은 천천히 떨어지는 물에서 나온 광물이
수천 년 동안 쌓여 형성된 퇴적물이다.

어떤 탐험에서도 이렇게 큰 동굴 안에 들어가 본 적이 없었지요!
쇼베는 바닥 여기저기에 흩어져 있는 곰 뼈와 이빨 들을 발견했습니다.

  브루넬 드샹이 갑자기 침묵을 깼어요. "그들이 여기에 있었어!"
하고 소리쳤어요.

  드샹이 비춘 빛줄기가 천장에 매달린 바위를 밝혔습니다. 그 위
로 붉은 선들이 어떤 형태를 이루고 있었는데, 틀림없는 매머드의
윤곽이었어요.

  이곳에는 곰뿐만 아니라 선사 시대 인류도 있었습니다! 쇼베가

벽을 따라 헤드램프를 흔들어 비추어 보는데 심장이 두근거렸습니다. 탁 트인 하얀 공간 한가운데에서 커다란 붉은색 곰이 시야에 들어왔지요. 이제 그들 모두 뭔가 특별한 것을 우연히 발견했음을 확신했습니다.

시간이 멈춘 것처럼

이번에는 더욱 조심스럽게 벽을 살피며 발걸음을 되짚어갔습니다. 몇 걸음 뒤에 거대한 코뿔소 그림이 있었고, 그다음에는 곰, 또 그다음에는 사자 세 마리를 그린 그림이 있었어요! 긴 벽화는 또 다른 벽으로 이어져, 커다란 빨간색 점들이 동물의 형태를 이루고 있었지요. 그다음에는 붉은 손자국, 바로 예술가의 손길이 남아 있었습니다.

쇼베는 자신들이 수천 년 만에 처음으로 거기까지 걸어 들어간 사람들임을 깨달았어요. 그 동굴은 수천 년 전 그대로였습니다. 벽화는 마치 지금 막 완성된 것처럼 생생하게 남아 있었어요. 그는 기이한 감정에 사로잡혔습니다. "모든 것이 너무나 아름답고 너무나 생생했어요…. 시간이 멈춘 것 같았어요…. 갑자기 우리가 불청객이 된 것 같았어요…. 그들의 존재가 느껴졌지요. 우리가 그들을 방해하는 것 같았어요."

그날 밤, 그들은 더 강한 손전등을 가지고 동굴로 되돌아갔습니다. 빛줄기가 방 저쪽 끝의 벽을 환하게 밝히자 모두를 숨죽이게 하는 광경이 드러났어요. 10미터가 넘는 벽은 검은 숯으로 그린 멋진 장면들로 가득했지요. 손전등 불빛은 달리는 말 떼 위를, 마치 실물처럼 눈이 크고 주둥이가 벌어진 말 머리 위를 춤추듯 움직였습니다. 가까운 곳에서는 코뿔소 두 마리가 마주 보고 뿔싸움을 하고 있었어요. 들소는 다리가 여럿이었는데 달리는 장면을 묘사한 것처럼 보였지요. 그 동물들은 깊이감과 움직임 효과를 기묘하게 만들어 내며 동굴 벽의 윤곽을 따라 잔물결을 이루었습니다.

대중에 공개하다

쇼베는 고고학자와 과학자 들이 이 놀라운 동굴을 직접 보고 싶어 할 거라고 생각했어요. 12월 28일, 당국에 연락했습니다.

바로 그날 저명한 고고학자이자 선사 시대 미술 전문가인 장 클로트가 다른 고고학자 두 명과 함께 와서 최초 발견자들을 만났습니다. 브루넬 드샹은 축하할 것을 기대하고 샴페인을 가져왔습니다. 반면에 클로트는 그들의 이야기를 의심했고 속임수로 밝혀질 것을 예상했어요. 하지만 이내 확신하게 되었습니다. 그 벽화를 덮고 있는 오래된 방해석 막은 쌓이는 데 수천 년이 걸린 것으로, 그림이 완성되고 나서 한참 뒤에 형성되었거든요. 현대의 위조품으로 볼 수 없었습니다.

그 동굴 벽화가 진짜임을 확인하기 위해 더 많은 전문가가 도착했어요. 다들, 아무것도 만지지 않고 한 줄로 이동하면서 발자국으로 인한 손상을 최소화했던 아주 조심스러운 최초 발견자들에게 고마워했습니다.

예술의 연대를 측정하는 기술

확대경으로 살펴본 결과, 동굴 벽에 그려진 선들에는 침식으로 인한 미세한 틈이 있었습니다. 벽에 새겨진 선들은 수천 년에 걸쳐 형성된 미세 결정체로 가득 차 있었어요.

동굴 벽화가 수천 년이나 되었다는 사실은 분명했습니다. 그런데 정확히 얼마나 오래된 것일까요? 클로트는 그 벽화의 뚜렷한 독창성을 이해할 수 없어 당혹스러웠지요. 지금까지 한 번도 본 적이 없는 것이었거든요. 그래도 남아 있는 모든 단서와, 지금까지 알려진 다른 동굴 벽화들과의 비교를 통해 전문가들은 그 벽화가 17,000년에서 21,000년 전, 대략 라스코 벽화가 그려진 시대와 같은 시기에 그려졌을 것으로 추정했습니다.

그다음 단계는 유기물 샘플로 방사성 탄소 연대 측정법을 적용해 보는 것이었어요.(17면 참고) 붉은색 벽화는 산화철을 사용한 것이었고, 검은색 벽화에 쓰인 숯은 나무를 태워 만든 것이었기 때문에 탄소14 붕괴를 시험해 볼 수 있었습니다. 코뿔소 두 마리와 들소 한 마리 그림에서 극미량의 숯 샘플 세 개를 채취해 실험실로 보냈지요.

실험 결과는 정말 충격적이었습니다. 벽화에서 추출한 세 개의 샘플은 모두 같은 시기에, 약 31,000년 전에 만들어진 것이었어요. 그 누구도 예상하지 못했던 사실이었지요. 이 벽화들은 라스코 동굴 벽화보다 10,000년 이상 더 앞선 시기에 그려진 것이었습니다.

가짜를 찾아내다

구석기 시대 미술에서 속임수와 가짜가 나오는 일은, 드물지만 있기는 합니다. 많은 연구 끝에 스페인 수비알데의 동굴에서 발견된 "선사 시대" 미술은 위조된 것임이 밝혀졌습니다. 그 위조작은 자연 안료로 공들여 만든 것으로, 다른 동굴 벽화에 이미 나타난 적 있는 동물들을 모방했습니다. 하지만 최근 이 위조 벽화에 숯이 주로 쓰였는데 수비알데에는 숯이 없었다는 수상한 사실이 발견되었습니다. 두 가지 더 확실한 단서가 위조를 밝혀냈지요. 이 벽화에 사용된 곤충 색소는 수천 년 동안 유지될 수 없는 것이었습니다. 더욱 문제의 것은, 정밀 조사 결과 합성 스펀지의 잔해가 드러났다는 거예요.

벽화에서 숯 샘플을 더 모았는데, 그것들은 훨씬 더 오래된 것이었어요! 쇼베 동굴 벽화 대부분은 33,500년에서 33,700년 전에 그려졌어요. 이 소식은 예술계와 고고학계 모두에 충격을 안겨 주었습니다. 쇼베 동굴 벽화는 라스코 벽화보다 두 배는 오래되었지만, 그보다 더 능수능란하고 정교했으니까요.

안료에 남아 있는 단서들

선사 시대 미술에 대한 과학적 분석은 기술 혁신 덕분에 크게 발전했답니다.

- 주사 전자 현미경(SEM): 이 기구는 좁은 전자 빔으로 물체의 표면을 스캔하지요. 전자 빔은 물체에서 전자가 반사되어 흩어지게 합니다. 과학자들은 이 기구로 대상 물체에 대한 상세한 이미지를 만들어 내고 그 화학 구조를 복제할 수 있습니다.

- 엑스선 기술: 이 기술은 물체의 구조와, 물체를 구성하고 있는 화학 원소들을 밝혀내는 데 사용됩니다.

- 가속기 질량 분석법(AMS): 이 실험을 통해 작은 색소 입자에 들어 있는 탄소14 원자의 개수를 셀 수 있습니다. 이때 필요한 샘플의 크기는 아주 작아서 그림을 훼손하지 않고도 동굴 벽화의 연대를 측정할 수 있지요. 55,000년 정도로 오래된 대상까지 정확하게 연대를 알아낼 수 있습니다.

"새로 확인된 연대들은 예술의 시작에 대한 우리의 인식을 뒤바꿔 놓았지요."

— 장 클로트

예상치 못했던 걸작

쇼베와 친구들은 그때까지 알려진 것 가운데 가장 오래된 사실주의 그림을 우연히 발견했습니다. 그 벽화와 관련된 어떠한 사실도, 전문가들이 믿어 온 예술의 발전 과정에 들어맞지 않았지요.

대부분의 동굴 벽화에는 말, 순록, 들소, 그리고 지금은 멸종된 야생 소 같은, 빙하 시대 인류가 사냥했던 동물들이 나타나 있습니다. 하지만 쇼베 동굴은 사납고 위험한 동물들, 그러니까 인류가 사냥을 하기보다는 두려워했던 대상들이 벽을 채우고 있었어요. 코뿔소, 사자, 매머드는 구석기 시대 미술에서 드문 소재였지만, 쇼베 동굴에서는 벽화에 그려진 400여 마리 동물들 가운데 가장 자주 등장했지요. 그 예술가들은 왜 이런 선택을 했던 걸까요? 이 무시무시한 짐승들을 그리는 것은 그들에게 무슨 의미였을까요?

이 벽화는 정교한 예술 작품이었습니다. 고고학자들이 예상해 왔던 단순한 선화나 상징물이 아니었지요. 쇼베 동굴의 예술가들은 확실한 세부 묘사를 통해 살아 있는 것 같은 사실적인 동물을 창조해 냈어요.

모든 장면이 움직임과 에너지로 가득 차 있었지요.

살아 있는 것을 묘사하는 법

실물처럼 사실적인 묘사를 하기 위해 쇼베 동굴의 예술가들은 다양한 기법을 사용했습니다.

- 시점: 동물들을 겹쳐서 그렸습니다. 깊이감과 무리 지어 있는 모습을 표현하기 위해서지요. 삼차원 효과를 얻기 위해 튀어나오거나 곡선인 벽면에 동물을 그렸어요.

- 명암: 동물의 몸에 음영을 표현하는 데에는 숯을 사용했는데, 밝은 색부터 어두운색까지 단계적인 변화를 주기 위해 도구나 손바닥으로 얇게 펴 발랐습니다.

- 움직임 착시: 동물들은 떼 지어 몰려다니며 서로 싸우거나 쫓습니다. 달리고 있는 장면을 묘사하기 위해 들소의 다리가 여럿인 것처럼 묘사했어요.

- 자투리로 그리기: 숯이나 황토의 입자를 으깨어 펴 발랐습니다. 색을 섞거나 중간 음영을 만들기 위해서지요.

이 동굴의 가장 놀라운 걸작 중 하나로, 쇼베와 친구들이 경외심을 느낀 말 장면에서 이 기법들이 모두 결합해 쓰였지요.

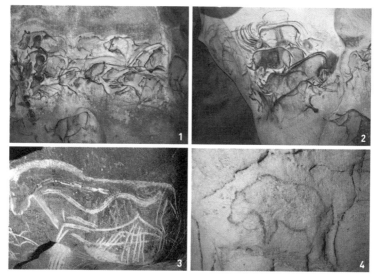

❶옆모습을 겹쳐서 사실적으로 묘사한 사자 장면. ❷코뿔소 무리. 이 중 한 마리는 움직임을 표현하기 위해 뿔이 여럿인 것처럼 묘사했다. ❸점토 막에 손가락으로 새겨 넣은. 지금은 단단하게 굳은 말 장면. ❹멸종된 동굴 곰의 옆모습.

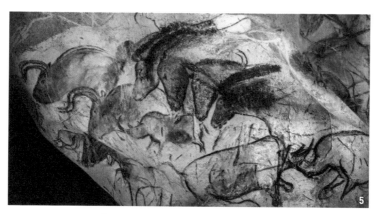

❺복합적인 음영과 구성으로 묘사한 말 장면.

수수께끼 예술가들

　기술이나 스타일에 나타나는 차이점을 보면 모든 그림이 같은 시기에 또는 같은 사람에 의해 그려진 것이 아님은 분명했어요. 하지만 검은색 벽화는 상당수가 아주 비슷했고, 선이 너무나 자신감 있게 그려져 있어서 미술 전문가들은 뛰어난 예술가 한 사람의 솜씨라고 확신했어요. 벽에 손을 대고 찍거나 손 위에 얹은 색소를 불어서 만든 붉은색 손자국에서 그에 대한 단서들을 더 찾을 수 있었습니다. 인류는 이 손자국들에 각자의 개성 있는 흔적을 남겨 두었지요. 손자국을 남긴 예술가 가운데 한 사람은 손가락 하나가 작고 구부러져 있어서 동굴 전체에서 그의 "특징"을 추적해 찾아내는 것이 가능했습니다. 손가락의 상대적인 길이를 분석한 결과, 몇몇 전문가는 여기에 남성과 여성의 손자국이 모두 있다고 결론 내렸어요. 정말 그렇다면, 사냥한 동물들을 그린 초기 예술가들이

사람은 없다

　흥미롭게도 모든 벽화에는 사람이 거의 등장하지 않습니다. 들소 머리에 연결된 여성 상반신은 한 가지 예외지만요. 이 벽화에서는 의도적으로 사실주의를 피하고 순전히 상상으로만 그린 것 같아요.

쇼베 동굴에 남아 있는 손자국.

남자였을 것이라는 오래된 믿음에 의문이 생기지요.

그런데 그들은 왜 그림을 그렸던 걸까요? 햇빛이 있어 그림을 그리기도 쉽고 그 결과를 보기도 더 쉬운 원래의 동굴 입구 가까이에는 벽화가 거의 없다는 사실에 단서가 있을지도 모릅니다. 그 예술가들은 어둠 속에서 햇불에만 의존하면서 큰 동굴 깊숙한 곳에 그림을 그렸어요. 동굴에는 암흑 속에 완벽한 침묵만 흐르고 있어요. 35,000년 전 이 동굴에 있었던 예술가들은 바로 이런 이유로 그곳을 선택했을 가능성이 큽니다.

많은 전문가가 지지하는 한 가지 이론은 벽화의 목적이 오로지 그림을 그리는 행위 그 자체에 있다는 거예요. 어쩌면 쇼베 동굴의

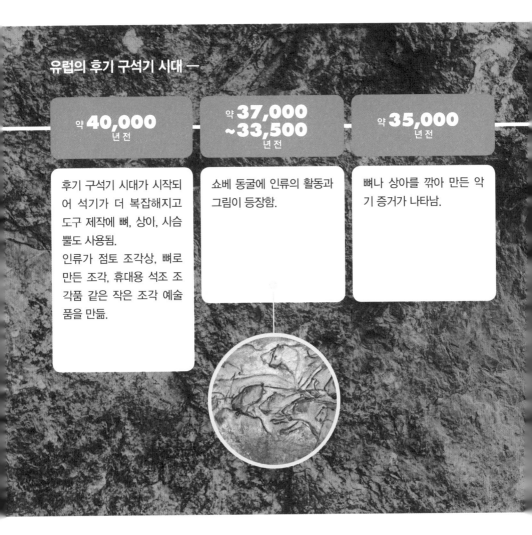

약 **40,000** 년 전	약 **37,000 ~33,500** 년 전	약 **35,000** 년 전
후기 구석기 시대가 시작되어 석기가 더 복잡해지고 도구 제작에 뼈, 상아, 사슴 뿔도 사용됨. 인류가 점토 조각상, 뼈로 만든 조각, 휴대용 석조 조각품 같은 작은 조각 예술품을 만듦.	쇼베 동굴에 인류의 활동과 그림이 등장함.	뼈나 상아를 깎아 만든 악기 증거가 나타남.

벽화를 그리는 일은, 그 시대 수렵 채집인들 사이에 널리 퍼져 있던 종교인 샤머니즘과 연관된 영적인 행위였을지도 모릅니다. 쇼베 동굴 사람들에게 인간 세계와 동물 세계, 영적인 세계는 모두 연결되어 있었어요. 샤먼 같은 이들은 초월 상태에 들어감으로써 그 세

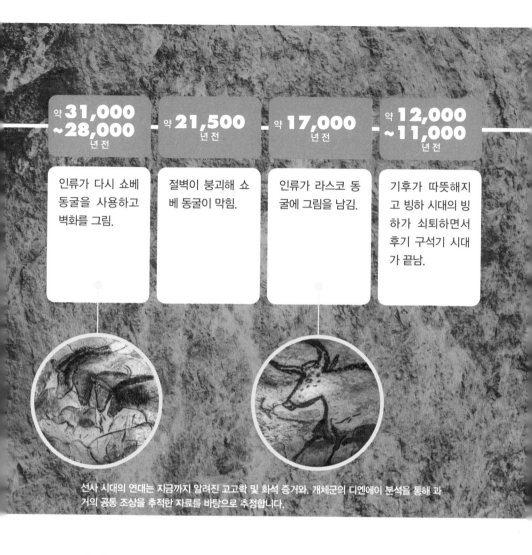

약 31,000 ~28,000 년 전
인류가 다시 쇼베 동굴을 사용하고 벽화를 그림.

약 21,500 년 전
절벽이 붕괴해 쇼베 동굴이 막힘.

약 17,000 년 전
인류가 라스코 동굴에 그림을 남김.

약 12,000 ~11,000 년 전
기후가 따뜻해지고 빙하 시대의 빙하가 쇠퇴하면서 후기 구석기 시대가 끝남.

선사 시대의 연대는 지금까지 알려진 고고학 및 화석 증거와, 개체군의 디엔에이 분석을 통해 과거의 공통 조상을 추적한 자료를 바탕으로 추정합니다.

계 사이를 이동할 수 있었습니다. 동굴 속 신비롭고 어둡고 고요한 세계로 내려가는 것도 그런 방법이 될 수 있었어요. 영혼들이 사는 바위에 그림을 그리고 새기는 것은 그들과 접속하고 그들의 호의와, 어쩌면 영적인 힘까지 조금 얻는 방법이었을지도 모릅니다.

빙하기의 생물과 쇼베 동굴

훼손되지 않은 덕분에 쇼베 동굴은 수만 년 전에 살았던 생물들의 생생한 모습을 간직하고 있습니다. 발톱 자국과 뼈, 땅을 파서 만든 구덩이는 적어도 48,500년 전 (지금은 멸종된) 동굴 곰들이 거기에서 겨울잠을 잤다는 사실을 보여 주지요. 인류는 현명하게도 곰들이 그 동굴을 버린 뒤에야 그 안에서 그림을 그렸습니다. 동굴 곰은 400킬로그램이나 되는 포식자였으니까요!

인류는 약 36,500년 전 그 동굴에 도착했습니다. 바닥에는 어린아이도 포함한 인간의 발자국이 남아 있어요. 하지만 그들이 동굴 안에서 살았던 것은 아니랍니다. 거기에는 사람의 뼈나 불을 피운 흔적, 먹고 버린 동물 뼈가 없어요.

그림으로 꾸며진 방은 아마도 주술적인 의식을 치르는 데 쓰였을 가능성이 큽니다. 사람들은 불을 피워서 벽화를 비추고 그림에

멸종된 동물들

쇼베 동굴 벽화에 자세히 묘사된 그림들을 보면 멸종된 동물들에 대해 알 수 있어요. 화석 증거로는 빙하기의 동굴 사자 수컷이 오늘날 아프리카 사자처럼 갈기가 있었는지를 알아낼 수 없어요. 쇼베 동굴의 그림을 보면 동굴 사자는 갈기가 없었던 것이 확실합니다!

필요한 숯을 만들었어요. 바닥에는 아직도 숯 더미가 남아 있지요. 유럽 소나무로 만든 횃불을 가져와서 벽에 문지른 흔적도 지금까지 남아 있어요. 횃불이 다 타서 숯이 되면 돌에 문질러 불씨를 되살릴 수 있고, 천 조각은 흔적으로 남습니다. 횃불의 천 조각 일부가 벽화 위의 방해석 끝에 남아 있어, 벽화가 완성되고 한참이 지난 뒤에 사람들이 동굴에 왔었다는 것을 보여 주지요.

빙하기 동안, 동굴의 원래 입구는 쇼베와 친구들이 기어서 들어간 곳이 아니었어요. 원래 입구는 더 컸고 계곡에서 보이는 곳에 있었지요. 지질학자들은 21,500년 전 절벽 측면이 낙석으로 무너져 내려 인간과 동물이 동굴로 접근할 수 없었다는 사실을 밝혀냈습니다. 그 커다란 동굴은 마치 타임캡슐처럼 봉인되었고, 이것이 바로 그 안에 있는 모든 것이 그렇게 완벽한 상태로 보존될 수 있었던 이유랍니다.

우리가 안다고 생각했던 것
+
새롭게 알게 된 것

쇼베 동굴의 놀라운 벽화는 우리가 상상했던 것보다 수만 년이나 앞선 시기에 인류가 이미 야심 찬 예술가였음을 증명합니다. 이 초기 인류는 정교한 기술로 생각을 표현할 수 있는, 자기를 인식하고 추상적인 사고를 하는 사람들이었어요. 그 벽화가 주술적인 역할도 했으리라 추측할 수 있는데 이는 선사 시대 조상들에게 영적인 믿음이 있었음을 암시하지요. 예술적인 탁월함은 지역과 시대에 따라 다릅니다. 아직 발견되지 않은, 훨씬 더 오래된 사례들이 있을지도 몰라요. 예를 들어, 인도네시아 동굴 벽에서 나중에 발견된 손자국과 동물 묘사를 보면 이는 쇼베 동굴 벽화보다 더 오래되었거나, 적어도 그만큼 오래된 것 같아요. 하지만 쇼베 동굴의 걸작들에 나타난 우수함과 야심에 필적할 만한 벽화는 아직 발견되지 않았습니다. 고고학자 폴 G. 반은 쇼베 동굴은 우리의 현재 지식이 불완전하며 언제든 바뀔 수 있다는 점을 가르쳐 준다고 말했지요. 진행 중인 모든 고고학 조사에서 "인류 조상의 뼈든, 얼음 인간이든, 새로운 동굴이든 하나의 발견으로 모든 교과서가 다시 쓰일 수 있다."라고 덧붙였답니다.

감사의 말

고고학계에서 최근에 발견한 것들을 다루는 책을 처음 제안하고 흥미진진한 사례들을 조사하는 길로 안내해 준 친구 데이비드 커틴에게 고마움을 전합니다.

이 아이디어를 격려해 주고 더 발전시킬 수 있도록 통찰력을 나누어 준 애닉 출판사 여러분, 그다음 단계부터 책의 완성에 이르기까지 길잡이가 되어 준 애닉 출판사의 리브카 크랜리에게 감사합니다.

이 책을 쓰는 동안 지원을 아끼지 않고 건설적인 조언을 해 준 편집자 캐서린 마저리뱅크스에게 다시 한번 감사 인사를 전합니다.

옮긴이의 말

이 책의 번역을 제안받은 것은 2020년 1월이었습니다. 당시에는 한국도, 제가 사는 영국도 코로나 바이러스 감염증-19(코로나19)의 심각성을 몸으로 느낄 정도는 아니었지요. 3월 셋째 주까지만 해도 저는 빨간색 버스를 타고 출근했고, 제가 일하는 영국박물관 입구에서는 관람객들이 기념사진을 찍곤 했습니다.

하지만 3월 23일부터 갑작스레 영국에 봉쇄 조치가 내려졌습니다. 런던 시내에는 지하철이 멈춰 서지 않는 역이 늘어났고, 버스에 탈 때는 운전기사와 마주치지 않도록 뒷문을 이용해야 했습니다. 생필품을 파는 슈퍼마켓과 약국, 은행 정도만 문을 열었어요. 외출은 하루 한 번만 가능했습니다. 영국박물관도 문을 닫아서 저는 재택근무를 해야 했지요. 집에 '간혀' 지내는 나날이 이어졌습니다.

하지만 이 책『과거를 쫓는 탐정들』을 번역하는 동안만큼은 작은 방 안을 벗어나 저 멀리 캄보디아 정글과 알프스산맥을 누비고, 보더 동굴과 쇼베 동굴을 탐험할 수 있었습니다. 몇 세기씩 시간을 거슬러 올라가기도 했어요. 한국의 독자 여러분도 저와 비슷한 경험을 하셨으리라 생각합니다.

코로나 바이러스가 완전히 물러가기 전에는 예전처럼 날마다 학교에 가서 친구들과 선생님을 만나기가 쉽지 않겠지요. 동네 외출마저 어려울지도 모르겠습니다. 그럴 때 이 책이 흥미진진한 탐험의 세계로 여러분을 안내해 주리라 기대합니다. 코로나 바이러스가 아니더라도 우리가 평소에 오갈 수 있는 반경은 정해져 있기 마련이지요. 고고학은 그런 우리를 먼 시간, 먼 공간으로 데려다줍니다. 책 읽기를 마쳤다면, 구글 어스(Google Earth) 프로그램을 이용해 이 책에 소개된 유적지와 발굴 장소를 여행해 보는 것은 어떨까요?

코로나19 시대에도 고고학자들의 새로운 발견은 계속되고 있습니다. 2020년 5월에는 이탈리아 북부의 베로나 근처에서 고대 로마의 모자이크 바닥이 아주 완벽한 상태로 발견되었습니다. 1922년에 그 지역에서 3세기에 지어진 것으로 추정되는 저택의 흔적을 발굴한 뒤로 거의 버려져 있던 땅 밑에 지금까지 숨겨져 있었던 것입니다. 또 로마에서는 싱크홀 현상으로 땅이 꺼지면서 2,000년 된 포석(도로포장용 돌)이 모습을 드러냈습니다. 인류의 과거는 완전히 사라져 버린 것이 아니어서, 상상하지 못했던 곳에서 새로운 증거가 나타나기도 합니다. 뜻밖의 발견은 고고학자들의 체계적인 발굴 조사로 이어져 우리가 역사를 좀 더 잘 이해할 수 있도록 하지요.

그런가 하면 미국 워싱턴 디시(DC)의 성서박물관에 전시 중이던 '사해 문서' 조각들이 가짜였던 것으로 밝혀졌습니다. 1940년대 사해 근처 쿰란 동굴에서 발견된 오래된 두루마리 조각들에는 히브리어로 쓰인 성경을 비롯해 다양한 종교적인 내용이 필사되어 있습니다. 그중 구약 성서 필사본은 지금까지 알려진 히브리어 성서 가운데 가장 오래된 것이라 기독교 역사에서 중요한 문서로 주목받았지요. 하지만 성서박물관에서 전시 중이던 10여 개의 사해 문서 조각을 삼차원 현미경, 열 감지 카메라, 에너지 분산형 엑스선 분석으로 조사해 보니, 20세기에 만들어진 위조품임이 드러났어요.

다행히 진짜 사해 문서들의 경우, 고대의 디엔에이 연구를 통해 그 비밀을 풀 수 있게 되었다는 소식도 전해졌습니다. 남아 있는 사해 문서 파편에서 동물 가죽의 디엔에이를 추출해 그 조각들이 같은 두루마리에서 나온 것인지, 얼마나 멀리 이동한 것인지 알아낼 수 있게 된 것입니다. 각각의 조각들을 어떻게 맞추어 해석하느냐에 따라 문서 전체의 내용이 바뀔 수 있기 때문에 디엔에이 연구는 파편들을 연결하는 데 아주 중요한 역할을 할 거예요. 서로 다른 동물 종의 가죽으로 만들어졌다는 것은, 문서가 다른 곳에서 유래했음을 의미합니다. 예를 들어, 과거 유대 광야에서는 소를 키우기 어려웠는데, 사해 문서 가운데 소가죽으로 만들어진 것이 있다면 이는 다른 지역에서 옮겨 왔다는 뜻이 되지요.

이 책에서 살펴본 것처럼 고고학 연구는 발굴 현장을 떠나서도 계속됩니다. 박물관에는 관람객들이 유물을 관찰할 수 있는 전시실 말고도 소장품을 보관하는 수장고와, 유물의 상태를 분석하고 손상된 부분을 복원하는 보존 과학실 같은 곳이 있습니다. 유물들이 여러분을 만나기 전에 반드시 거쳐 가는 곳이지요. 고고학자, 미술사학자, 보존 과학자가 이곳에 모여 함께 연구하고 전시를 준비합니다. 때로는 박물관 수장고 안에서 뜻밖의 발견을 하기도 해요.

제가 일하는 영국박물관은 1759년 '세계 최초의 공공 박물관'으로 문을 연 이후 지금까지 계속 유물을 수집하고 전시하고 있습니다. 현재의 박물관 건물은 1852년에 완성된 것이라 수장고가 있는 지하 통로는 미로처럼 복잡해 직원들조차 길을 잃는 경우가 있어요. 그러다 보니 오래된 수장고 구석에서 거의 잊혀 있던 유물을 발견하거나, 고고학 발굴을 하듯 자료를 찾아다니는 일도 생깁니다. 마치 과거를 쫓는 탐정들처럼요.

호기심과 열정, 탐구와 발견은 코로나19 시대에도 멈추지 않습니다. 어제의 그들이 알아내지 못했던 것을 오늘의 연구자들이 밝혀내지요. 오늘의 연구자들이 남겨 둔 수수께끼를 내일의 여러분

이 풀어내리라 기대합니다. 이 책이 그 긴 모험의 시작이 되기를
바랍니다.

류지이

참고 자료

들어가며

National Geographic. "Space Archaeology 101: The Next Frontier of Exploration." *National Geographic*: Video. Web.

1장

Dickson, James H., et al. "The Iceman reconsidered." *Scientific American*, January 2005. Web.

Fagan, Brian M., editor. *Eyewitness to Discovery: First-Person Accounts of More Than Fifty of the World's Greatest Archaeological Discoveries.* Oxford: Oxford University Press, 1996.

Hall, Stephen S. "Unfrozen." *National Geographic,* November 2011. Web.

"Neolithic Period." *Encyclopaedia Britannica.* Web.

"Ötzi the Iceman." *South Tyrol Museum of Archaeology.* Web.

2장

Contenta, Sandro. "England's Poison Garden an ode to death by greenery." *The Toronto Star,* 12 February 2017. Web.

d'Errico, F., et al. "Early evidence of San material culture represented by organic artifacts from Border Cave, South Africa." *Proceedings of the National Academy of Sciences of the United States of America,* 109.33, 14 August 2012. Web.

Kentish, Franky. "The Poison Garden plants once used as prehistoric weaponry." *The Telegraph,* 20 March 2015. Web.

"Later Stone Age got earlier start in South Africa than thought, says CU researcher." *CU Boulder Today.* University of Colorado Boulder, 30 July 2012. Web.

Pappas, Stephanie. "Oldest poison pushes back ancient civilization 20,000 years." *Live Science,* 30 July 2012. Web.

"Poisons, plants and Palaeolithic hunters." *Research at Cambridge.* University of Cambridge, 21 March 2015. Web.

Villa, Paola et al. "Border Cave and the beginning of the Later Stone Age in South Africa." *Proceedings of the National Academy of Sciences of the United States of America,* 109.33, 14 August 2012. Web.

3장

Associated Press. "Laser technology reveals lost city around Angkor Wat." *The Guardian,* 18 June 2013. Web.

Bahn, Paul. *Archaeology: A Very Short Introduction.* Oxford: Oxford University Press, 2012.

Bryner, Jeanna. "'Lost' medieval city discovered beneath Cambodian jungle." *Live Science,* 18 June 2013. Web.

Daguan, Zhou. *A Record of Cambodia: The Land and Its People.* Translated by Peter Harris. 2007. Chiang Mai, Thailand: Silkworm Books, 2013.

Dunston, Lara. "Revealed: Cambodia's vast medieval cities hidden beneath the jungle." *The Guardian,* 11 June 2016. Web.

Evans, Damian. "Airborne laser scanning as a method for exploring long-term socio-ecological dynamics in Cambodia," *Journal of Archaeological Science,* vol. 74, October 2016. Web.

Evans, Damian. "Uncovering the real Angkor: Early civilisations mapped using cutting-edge technology." Royal Geographical Society, 13 June 2016, London. Lecture. Web.

Evans, Damian, et al. "Uncovering archaeological landscapes at Angkor using lidar." *Proceedings of the National Academy of Sciences of the United States of America,* 110.31, 30 July 2013. Web.

4장

"The Franklin Expedition." *Parks Canada.* Web.

Geiger, John, and Alanna Mitchell. *Franklin's Lost Ship: The Historic Discovery of HMS Erebus.* Toronto: HarperCollins Publishers Ltd., 2015.

Watson, Paul. *Ice Ghosts: The Epic Hunt for the Lost Franklin Expedition.* Toronto: McClelland & Stewart, 2017.

Watson, Paul. "Ship found in Arctic 168 years after doomed Northwest Passage attempt." *The Guardian,* 12 September 2016. Web.

Woodman, David C. *Unravelling the Franklin Mystery: Inuit Testimony,* Second Edition. Montreal: McGill-Queen's University Press, 2015.

5장

Ashdown-Hill, John. *The Last Days of Richard III and the Fate of his DNA,* Revised Edition. Stroud, UK: The History Press, 2013.

Carson, A.J., editor. *Finding Richard III: The Official Account of Research by the Retrieval and Reburial Project.* Horstead, UK: Imprimus Imprimatur, 2014.

Dockray, Keith, and Peter Hammond. *Richard III: From Contemporary Chronicles, Letters & Records.* Oxford: Fonthill Media Ltd., 2013.

Greyfriars Research Team, et al. *The Bones of a King: Richard III Rediscovered.* Oxford: John Wiley & Sons, 2015.

Kennedy, Maev. "Archaeologists pinpoint long-disputed site of Battle of Bosworth." *The Guardian,* 19 February 2010. Web.

Langley, Philippa, and Michael Jones. *The King's Grave: The Discovery of Richard III's Lost Burial Place and the Clues It Holds.* New York: St. Martin's Press, 2013.

6장

Bahn, Paul G. *Cave Art,* Revised Edition. London: Frances Lincoln, 2012.

"Cave of Forgotten Dreams." Directed by Werner Herzog. IFC Films, 2011.

Chauvet, Jean-Marie, et al. *Dawn of Art: the Chauvet Cave: The Oldest Known Paintings in the World.* Translated by Paul G. Bahn. London: Thames and Hudson Ltd., 1996.

"The Chauvet-Pont d'Arc Cave, Ardèche." *Grands sites archéologiques.* Ministry of Culture and Communication. Web.

Clottes, Jean. *Cave Art.* London: Phaidon Press Ltd., 2008.

Clottes, Jean. "Chauvet-Pont d'Arc," *Encyclopaedia Britannica,* 4 August, 2015. Web.

David, Bruno. *Cave Art.* New York: Thames & Hudson Ltd., 2017.

Zorich, Zach. "New dates for the oldest cave paintings." *Archaeology Magazine.* Archaeological Institute of America, 13 June 2016. Web.

사진 출처

* **각 장 지도: (제작)** Bambi Edlund **(배경 이미지)** jumpingjack / Shutterstock

1장

15면 Wikimedia Commons contributors, "File:Similaun 7.jpg," Wikimedia Commons, the free media repository

17면 Thilo Parg / Wikimedia Commons (License: CC BY-SA 4.0)

21면 prapann / Shutterstock

24~25면 (연표의 배경) Colin Rex/Unsplash (연표 속 사진 왼쪽부터) Ant_art/Shutterstock; Roberto La Rosa/Shutterstock

32면 Wikimedia Commons "File:Ötzi Museum Bozen-panoramio.jpg", Attribution: Andre, Schade

33면 isak55 / Shutterstock

2장

41면 Androstachys / Wikimedia Commons

43면 2630ben / Shutterstock

46~47면 (연표의 배경) Joe McDaniel / Unsplash (연표 속 사진 왼쪽부터) 2630ben / Shutterstock; Ricardo de Paula Ferreira / Shutterstock

49면 (왼쪽부터) Martin Fowler / Shutterstock; Nick Pecker / Shutterstock; R Scapinello / Shutterstock

3장

58면 Morphart Creation / Shutterstock

61면 Jakub Hałun / Wikimedia Commons (License: CC BY-SA 4.0)

62면 The Cambodian Archaeological Lidar Initiative

64면 Courtesy image of The Cambodian Archaeological Lidar Initiative

66~67면 (연표의 배경) Spencer Watson / Unsplash (연표 속 사진 왼쪽부터) SantiPho-toSS / Shutterstock; DeltaOFF / Shutterstock;

69면 Matyas Rehak / Shutterstock

70면 NASA / image editing (color, cropping) and map: Manfred Werner (Tsui) / Wikimedia Commons

4장

79면 Library and Archives Canada, Peter Winkworth Collection of Canadiana, R9666~3035

81면 영국 국립초상화미술관 소장

83면 Marzolino / Shutterstock

84면 Wikimedia Commons

87면 CambridgeBayWeather / Wikimedia Commons (License: CC BY-SA 4.0)

88~89면 (연표의 배경) asoggetti / Unsplash (연표 속 사진 왼쪽부터) Wildnerdpix / Shutterstock; Library and Archives Canada, Peter Winkworth Collection of Canadiana, R9666~3035

92면 National Snow and Ice Data Center, courtesy Ted Scambos and Rob Bauer

96면 영국 국립그리니치미술관 소장

5장

107면 duncan1890 / iStockphoto

108면 From *The National Portrait Gallery History of the Kings and Queens of England* by David Williamson

109면 Georgios Kollidas / Shutterstock

116~117면 (연표의 배경) Galyna Andrushko / Shutterstock (연표 속 사진 왼쪽부터) NPG 148 / National Portrait Gallery, from David Williamson, *The National Portrait Gallery History of the Kings and Queens of England*; duncan1890 /

iStockphoto; Henry VII, British School, Oil on oak panel, Dulwich Picture Gallery

119면 Richard Buckley, Mathew Morris, Jo Appleby, Turi King, Deirdre O'Sullivan, Lin Foxhall / Wikimedia Commons (License: CC BY 4.0)

121면 Colin Underhill / Alamy Stock Photo

127면 University of Leicester

130면 Jacek Wojnarowski / Shutterstock

6장

137면 © Ministèe de la Culture / Centre National de la Prèhistoire

139면 Gaelfphoto / Shutterstock

141면 salajean / Shutterstock

149면 Stèphane Jaillet (Édytem) – Équipe Chauvet – Ministère de la Culture et de la Communication

151면 © Patrick Aventurier – Caverne du Pont d'Arc

152~153면 (연표의 배경) Anthony Gibson / Unsplash (연표 속 사진 왼쪽부터) Ministère de la Culture et de la Communication; Ministère de la Culture et de la Communication; thipjang / Shutterstock

창비청소년문고 38

과거를 쫓는 탐정들
과학은 어떻게 고고학의 수수께끼를 풀었을까?

초판 1쇄 발행 • 2020년 11월 6일
초판 3쇄 발행 • 2024년 6월 18일

지은이 • 로라 스캔디피오
옮긴이 • 류지이
펴낸이 • 염종선
책임편집 • 김선아 이현선
조판 • 박지현
펴낸곳 • (주)창비
등록 • 1986년 8월 5일 제85호
주소 • 10881 경기도 파주시 회동길 184
전화 • 031-955-3333
팩시밀리 • 영업 031-955-3399 편집 031-955-3400
홈페이지 • www.changbi.com
전자우편 • ya@changbi.com

한국어판 ⓒ (주)창비 2020
ISBN 978-89-364-5228-5 43900